Klaus Mertes

Wie aus Hülsen Worte werden

Klaus Mertes

Wie aus Hülsen Worte werden

Glaube neu buchstabiert

Patmos Verlag

VERLAGSGRUPPE PATMOS

PATMOS
ESCHBACH
GRÜNEWALD
THORBECKE
SCHWABEN

Die Verlagsgruppe
mit Sinn für das Leben

MIX
Papier aus verantwortungsvollen Quellen
FSC® C014496
FSC www.fsc.org

Für die Verlagsgruppe Patmos ist Nachhaltigkeit ein wichtiger Maßstab ihres Handelns. Wir achten daher auf den Einsatz umweltschonender Ressourcen und Materialien.

ein Unternehmen der Verlagsgruppe Patmos
in der Schwabenverlag AG, Ostfildern
www.patmos.de

Umschlaggestaltung: Finken & Bumiller
Umschlagabbildung: © Thomas Plaßmann
Satz: Schwabenverlag AG, Ostfildern
Druck: GGP Media GmbH, Pößneck
Hergestellt in Deutschland
ISBN 978-3-8436-1065-0

Inhalt

Vorwort

Worte veralten. Manchmal bleiben sie in Gebrauch, obwohl sie veraltet sind. Das gilt besonders für Worte, die rituell oder kanonisch tradiert werden. Am Ende der Alterung bleibt eine Worthülse zurück. Sie ist leer geworden, weil die ursprünglichen Bedeutungen verschwunden sind. Neue Bedeutungen haben sich in sie hineingeschoben, die mit den alten wenig oder gar nichts zu tun haben.

Es gibt zwei Möglichkeiten, auf diese neuen, von den alten Wortbedeutungen wegführenden Bedeutungen zu reagieren. Die eine besteht darin, die Worthülse samt dem Bedeutungsmüll, der sich in ihr angesammelt hat, wegzuwerfen. Dann kann man aus Keuschheit »Achtsamkeit« machen, aus Geduld »Resilienz« und aus Demut »Bescheidenheit«. Manchmal würde ich in der Eucharistiefeier die Worte Jesu gern so sprechen oder hören können: »Das bin ich, der für euch hingegeben wird«, und nicht: »Das ist mein Leib, der für euch hingegeben wird« – so, als bliebe noch etwas übrig, wenn »nur« der Leib hingegeben wird. (»Nur« ist übrigens ein sehr gefährliches Wort, wenn Bedeutungszusammenhänge vielschichtig sind.) Doch was würde der gänzliche Verzicht auf das Wort »Leib« bringen? Welche Anspielungen, Nebenklänge und Brücken zur Tradition würden verlorengehen, wenn ich diese Hülse einfach wegwerfe? Kann man ein so zentrales Wort wie »Leib« aussortieren, ohne den Kontakt zu dem gesamten sprachlichen Kontinuum zu verlieren, in dem dieses Wort steht und zu verstehen ist? Oder: Ist mit »Bescheidenheit« wirklich getroffen, was mit »Demut« gemeint ist? Ich meine: Nein.

Die andere Möglichkeit besteht darin, die Hülse nicht wegzuwerfen, sondern ihre ursprüngliche Bedeutung mit neuen Worten zu erschließen. Das ist der Weg, der hier am Beispiel einiger Schlüsselwörter der christlichen Frömmigkeits- und Theologiegeschichte unternommen werden soll. Ich plädiere allein schon deswegen für diesen Weg, um die Hülsen nicht denjenigen zu überlassen, die sie mit Müll füllen. Die alte, ehrwürdige Hülse verleiht dem Müll dann auch noch eine Aura von Glanz und Bedeutung, die ihm nicht zusteht.

Die Worte in diesem Buch sind nicht nach einem bestimmten Prinzip ausgewählt. Vielmehr sind sie mir im Laufe der Jahre in unterschiedlichen Zusammenhängen zugefallen, insbesondere dann, wenn ich selbst Erfahrungen gemacht habe, die mir plötzlich die Bedeutung oder eine Bedeutungsnuance eines alten Wortes erschloss. Gerade solche Erfahrungen scheinen mir für die Erschließung von Wortbedeutungen besonders hilfreich zu sein. Sonst gerät die Erläuterung der alten Wörter zu schnell zu einem Nullsummenspiel, bei dem die eine Worthülse durch andere Worthülsen erläutert wird. Und damit gelingt dann nicht, was unverzichtbar ist, damit alte Worte mit ihrem Bedeutungsschatz weiterleben: Die Verbindung zu meinem eigenen Verstehenshorizont, um auch ihn durch die Verbindung mit dem alten, aber nicht veralteten Wort zu erweitern.

Das göttliche Passiv

Warum ich nicht auf das missbrauchte Wort Gott verzichte

Es fällt mir immer schwerer, das Wort »Gott« in den Mund zu nehmen. Ein Grund dafür ist, dass zu viele Leute meinen, zu verstehen, was sie meinen, wenn sie »Gott« sagen.[1] Ein anderer Grund ist, dass viele Menschen – mich selbst eingeschlossen – schlechte Erfahrungen mit Personen, Gruppen und Institutionen gemacht haben, die sich für ihr Handeln auf »Gott« berufen und dabei doch nur sich selbst, ihre Vorlieben, ihre bequemen Gewohnheiten, ihre Eigeninteressen, ihre Macht oder auch ihren Hass im Sinn haben. Meist kommt beides zusammen: das Bescheid-Wissen über Gott und die Instrumentalisierung Gottes für etwas, was nichts mit Gott zu tun hat, dafür aber umso mehr mit sozialen und emotionalen Eigeninteressen von Menschen. Deswegen ist Religionskritik unverzichtbar, eine dauernde Aufgabe, der sich gerade diejenigen Menschen unterziehen sollten, die das Wort »Gott« im Munde führen.

Ich will aber auch nicht auf das Wort »Gott« verzichten. Nicht nur deswegen, weil es mir von Kindesbeinen an in Fleisch und

1 Dazu Augustinus: »Si comprehenderis non est Deus – wenn du ihn verstanden hast, ist es nicht Gott.« Oder auch das IV. Laterankonzil (1215), DS 806: »Zwischen dem Schöpfer und dem Geschöpf kann man keine so große Ähnlichkeit feststellen, dass zwischen ihnen keine noch größere Unähnlichkeit festzustellen wäre.«

Blut übergegangen ist. Es würde mir vielmehr ein Wort fehlen, das ich nicht ersetzen kann, auch nicht durch Worte wie »Fülle des Lebens«, »Quelle der Liebe«, »tiefes Geheimnis«, »Weltengericht«, »Macht, die alles zum Guten fügt«. Diese Begriffe geben dem Wort »Gott« zwar eine inhaltliche Bestimmung; man kann dann über sie nachdenken, diskutieren, vielleicht sogar Geschichten dazu erzählen. Doch sie ersetzen allesamt das Wort »Gott« nicht. Auf das Wort »Gott« zu verzichten würde bedeuten, Gott in inhaltliche Bestimmungen aufzulösen. Aber Gott ist mehr als alles, was ich über ihn inhaltlich sagen kann, selbst dann, wenn das, was ich über ihn zu sagen versuche, sinnvoll ist. Vor allem: Noch wichtiger, als etwas über Gott zu sagen, ist, Gott zu hören und mit Gott zu sprechen. Ohne das Wort »Gott« könnte ich nicht beten.

Dennoch drängt es mich, den Impuls zur sprachlichen Zurückhaltung ernst zu nehmen und ihm so weit wie möglich zu folgen. Am liebsten ist mir dafür eine Form des Sprechens, welche die Juden schon in alter Zeit entwickelt haben: das »göttliche Passiv«.[2] Das Passiv gibt uns in unseren Sprachen die Möglichkeit, Handlungen auszudrücken, ohne dabei das Subjekt der Handlung zu nennen. Zum Beispiel: »Die Sitzung wird eröffnet.« Diese Formulierung lässt offen, von wem, von welcher Person die Sitzung eröffnet wird.

In der Bibel werden solche passivischen Formulierungen gern benutzt, um ein Handeln Gottes auszudrücken, ohne »Gott« als Subjekt der Handlung nennen zu müssen. Jesus schließt sich dieser Sprechweise an, wenn er zum Beispiel in seinem Gebet formuliert: »Dein Name werde geheiligt!« Gemeint ist die Bitte, Gott

2 In der Fachsprache: passivum divinum.

möge seinen Namen heiligen, indem er sich als rettender Gott in der Geschichte zeigt.[3] Gott ist auch das Subjekt der Heiligung, nicht nur das Objekt, dessen »Name«, der er selbst ist,[4] geheiligt werden soll. Die passivische Formulierung vermeidet bloß die Nennung des Subjektes.

An anderen Stellen scheut sich Jesus nicht, Gott direkt anzusprechen. Er bevorzugt dafür das Wort »Abba«. Dass wir dieses Wort Jesu kennen, verdanken wir dem Einblick in sein Gebet, also in einen sehr intimen Vorgang. Ich bin überfordert und finde es auch gar nicht hilfreich für alle Beteiligten, immer sofort mit dem Intimsten in Diskurse einzutreten. Deswegen bevorzuge ich als Normalform des theologischen Sprechens zunächst diesen Schutz der religiösen Intimsphäre, den mir die Sprache der Bibel bietet: das göttliche Passiv.

3 Vgl. Ez 36,23: »Meinen großen, bei den Nationen entweihten Namen, den ihr mitten unter ihnen entweiht habe, werde ich wieder heiligen.«

4 Dazu Eckhard Nordhofen, Corpora – die anarchische Kraft des Monotheismus, Freiburg 2018, S. 117ff: »Der Name – Er ist, was er bedeutet.«

Auf die Spur gesetzt

Warum Der Auferstandene auch heute gefunden werden kann

Von Kindesbeinen an bin ich mit Geschichten über Jesus aufgewachsen, mit Gebeten zu Jesus und mit Bildern von Jesus. Meine innere Vorstellung von Jesus hat viele Wandlungen durchlaufen, auch viele Krisen. Heute kann ich sagen, dass mein »innerer Jesus« mehr ist als bloß eine Vorstellung, die ich von ihm habe. Er ist in mir lebendig. Er ist mein Vorbild, mein Ratgeber, mein dauernder Gesprächspartner. Wenn ich über eine Situation in meinem Leben nachdenke, fallen mir inzwischen ohne mein bewusstes Zutun Szenen aus dem Evangelium ein, die mit der Situation, in der ich gerade stehe, in Beziehung stehen. Auch andere Personen, meine Lieblings-Heiligen wie Friedrich Spee, Janusz Korczak, Helmuth und Freya von Moltke, Nelson Mandela und viele andere mehr sind für mich Vorbilder, aber letztlich im Hinblick darauf, dass sie mir das Leben Jesu, die Gesinnung Jesu durch ihr Lebenszeugnis auslegen. Durch sie verstehe ich Jesus besser – wer er war, worum es ihm ging.

Ist mein »innerer Jesus« nur meine Vorstellung von Jesus, erworben durch internalisierte Gebete und Gesänge, Betrachtungen des Evangeliums und geistliche Gespräche aller Art; durch historisch-kritische Sezierung der Texte ebenso wie durch Arbeit am »Aufbau des Schauplatzes«[5] in Bibliodrama und Bibliolog, in Zeichnungen und szenisch-theatralischen Erweiterungen? Habe ich mir am Ende nur meine Vorstellung von Jesus zusammengebaut? Oder darf ich glauben, dass Jesus selbst durch die Vorstellung, die ich von ihm habe, in meinem Inneren lebt und spricht? Und das umso mehr, je weniger er in mir auf eine bestimmte Vorstellung reduziert ist? Ich beantworte diese Frage inzwischen mit Ja.

Ich sage: »inzwischen«. Ich hätte mich vielleicht vor zehn Jahren noch nicht getraut, dieses Ja auszusprechen. Mir war zwar immer bewusst, dass es bei Jesus um mehr geht als um eine historische Person, die ich mir vorzustellen versuche. Die entscheidende Aussage der Kirche über Jesus lautet ja: Er ist auferstanden und lebt – nicht nur oben im Himmel, sondern auch mitten unter uns. Die Kunde von der Auferstehung Jesu war es, die mich auf die Spur Jesu setzte. Sie enthielt eine Verheißung, und ich wollte wissen, ob da etwas dran ist.

In meiner Kindheit war es an Ostern üblich, die Vertonung der Ostergeschichten von Heinrich Schütz auf einem Grundig-Plattenspieler anzuhören, der in unserem Wohnzimmer stand. In dieser Vertonung wird Jesus zweistimmig gesungen, von einem Bariton und einem Falsett-Tenor. Lange Zeit hielt ich die Falsett-Stimme für eine Frauenstimme, bis mich meine Eltern eines Besseren belehrten. So lag ich erneut vor dem Plattenspieler und musste immer laut lachen, wenn die Falsett-Stimme ertönte und an ein oder zwei Stellen plötzlich verräterisch unfraulich klang. Es musste ja auch wirklich unheimlich anstrengend und komisch

5 Ignatius von Loyola empfiehlt in seinen »Geistlichen Übungen« bei der Betrachtung von biblischen Geschichten, den »Schauplatz« aufzubauen, das heißt: sich die Szene mit allen Sinnen möglichst plastisch vorzustellen.

zugleich sein, als Mann wie eine Frau zu singen. Das Lachen verging mir allerdings, als ich eines Tages die Schönheit der Musik entdeckte. Die Melodien gingen mir nicht mehr aus dem Kopf. Ich sang sie, wenn ich zur Schule radelte, auf dem Bahnsteig stand und auf den Zug wartete, oder wann auch immer.

Die Berückung durch die Schönheit der Musik dauerte eine Weile, bis sich ein neues Gefühl hineinschob: Neid. Neid auf die Jünger. Sie durften ganz persönlich den Auferstandenen sehen und mit ihm essen und trinken, und ich musste nun Maria von Magdala, Simon Petrus und den anderen ca. 2000 Jahre später glauben, dass sie ihm so begegnet waren. Ich wollte eine eigene Erfahrung haben dürfen. Ich fragte meine Eltern und Lehrer und hörte die Antwort (vielleicht sagten sie mir ja auch noch mehr, aber ich hörte es nicht): »Das ist eben jetzt so. Wir müssen den ersten Zeugen glauben. Punkt.« Das war mir zu wenig.

Der »innere Jesus«, von dem ich heute spreche, ist nicht bloß »innen«. Er begegnet mir auch in den Feiern der Kirche, in zufälligen Begegnungen auf der Straße, in der Not von Menschen. Ohne die Korrespondenz mit dem inneren Jesus wären diese Begegnungen allerdings auf Dauer hohler Ritus oder bloß moralischer Anspruch. Auch diese ernüchternde Erfahrung habe ich gemacht. Lebendig wird der Auferstandene für mich erst wieder in dem Hin und Her zwischen innen und außen. In beiden Dimensionen ist er mehr als eine von mir konstruierte Vorstellung. Er ist der Auferstandene.

Vorher und nachher

Warum der Geist das Leben verändert

Es gibt Ereignisse im Leben, die es in eine Zeit vorher und in eine Zeit nachher aufteilen. Im Leben Jesu war die Taufe durch Johannes wohl ein solcher Moment, ein Moment, hinter den es kein Zurück mehr gab. Der Geist Gottes, so berichten die Evangelien, kam in Gestalt einer Taube auf ihn herab, und er hörte die Stimme, die aus der Wolke sprach: »Das ist mein geliebter Sohn.« Die Evangelien unterscheiden sich hinsichtlich der Frage, ob nur Jesus diese Stimme hörte oder ob die Umstehenden sie auch hörten. Das kann man hier offen lassen. Wichtiger ist mir zu verstehen, was für eine Erfahrung das ist, die für Jesus eine so einschneidende Bedeutung hatte.

> »Tauben fliegen aus einer Entfernung von mehr als 1000 Kilometern wieder zurück zu ihrem Heimatschlag. Liebespaaren und Feldherren dienten sie so zum Überbringen von Nachrichten. Wie die Tiere den Weg nach Hause finden, blieb den Forschern jedoch Jahrhunderte verborgen. Seit 25 Jahren ist bekannt, dass Tauben magnetische Feldlinien messen können. Das Organ für den Magnetsinn, nach dem Biologen Jahrzehnte erfolglos suchten, haben zwei Frankfurter Forscherinnen jetzt in der oberen Schnabelhälfte ausgemacht.«[6]

6 Frankfurter Rundschau, 21. 6. 1997.

Diese Fähigkeit von Tauben hat Menschen von jeher dazu veranlasst, sie als Boten zu verstehen. In der Bibel sind sie oft Gottes Boten, Boten des göttlichen Friedens. In der Noah-Geschichte überbringt die Taube den wiedergewonnenen Frieden zwischen Gott und den Menschen; sie trägt einen frischen Olivenzweig im Schnabel[7] (Gen 8,8–12). Die Zeit des Gerichts ist vorbei.

Die Taube gilt im Besonderen auch als Liebesbotin: Im alten Orient ist sie der Begleitvogel der kanaanäischen Göttin Astarte (Ischtar), der Patronin der Liebenden. In altorientalischen Bildern fliegt sie vom Gesicht der Göttin zu ihrem Partner, um Liebesbotschaften zu überbringen. Das »Schnäbeln« und »Turteln« der Tauben wird von vielen antiken Autoren als Symbol für verliebtes Küssen verwandt. Das deutsche Wort »turteln« ist eine Ableitung aus dem hebräischen »tur« für »Taube«. Auch die Liebeslyrik in der Bibel greift das Motiv der Taube auf: »Deine Blicke sind Tauben« (Hld 1,15),[8] das heißt: Sie sind Liebesbotschaften. Der Geist, der nach der Taufe im Jordan auf Jesus herabsteigt, ist Botin der Liebe zwischen Vater und Sohn, der liebende Blick des Vaters auf den Sohn.

Der Vater blickt den Sohn voll Liebe an. Eltern kennen diese Erfahrung, wenn sie ihr Kind anblicken, Liebende auch, wenn sie einander anblicken. Das Spiel der Liebe beginnt mit Blicken: Ich blicke die geliebte Person an; sie weiß noch nicht, dass ich sie anblicke; ich blicke weg, wenn sie merkt, dass ich sie anblicke; ich glotze nicht; ich fühle mich von der geliebten Person angeblickt

7 Gen 8,11: »Gegen Abend kam die Taube zu ihm (Noah) zurück, und siehe: In ihrem Schnabel hatte sie einen frischen Ölzweig.«
8 Vgl. auch Hld 14,1; 5,12.

und traue mich, den Blick zu erwidern, bis unsere Blicke zueinanderfinden; bis wir einander als einander Anblickende anblicken »von Angesicht zu Angesicht« (1 Kor 13,11). Blicke vereinen die Liebenden. Das Leben ist ab jetzt nicht mehr so wie vorher. So wie die Geist-Taube den Vater mit dem Sohn vereint, so vereint sie auch Menschen in der Liebe zueinander. Diese Einheit ist neues Leben, überhaupt eigentlich erst: Leben.

Ich schlage vor, zwischen einem »christentümlichen« und einem »erweckten« Christentum zu unterscheiden. Das eine liegt *vor*, das andere *nach* der Geisterfahrung. Wie bei Jesus, so gibt es in jedem Leben, auch in meinem, Erfahrungen, die das Leben verändern, meine sozialen Bezüge, meine Überzeugungen, auch mein Verhältnis zu meinen »christentümlichen« Gewohnheiten und Traditionen, wenn es diese sind, aus denen ich stamme – und zwar nicht deswegen, weil vorher alles falsch war und jetzt alles richtig ist, sondern weil die Geisterfahrung alles in einem neuen Licht erscheinen lässt. Ignatius von Loyola ist ein Fall eines solchen »erweckten« Christen. Er bewegt sich im Rahmen seines traditionellen christlichen Glaubens, bis er eines Tages im Zusammenhang mit einer schweren Verletzung und einem langwierigen Genesungsprozess die Erfahrung macht, dass der Geist in ihm wirkt; dass er mehr von ihm will als bloß die Fortsetzung seines bisherigen gut christentümlichen Lebens; dass er ihm eine größere Liebe schenkt und ihn zu einer größeren Liebe führen will. Der Geist erweckt in ihm das geistliche Leben, die Begeisterung, Erkenntnisse und Freuden, zugleich auch die Konfrontation mit Versuchungen und Anfechtungen, die er vorher nicht kannte. Daraus entsteht bei Ignatius ein Erfahrungswissen, das er in den »Geistlichen Übungen« und vor allem in den »Regeln zur

Unterscheidung der Geister« zusammenfasst. An all das war vor der Verletzung bei der Verteidigung von Pamplona nicht gedacht. Deswegen muss man ja immer, um die Geschichte von Ignatius zu erzählen, zurück zu den Monaten auf dem Krankenlager in Loyola gehen, als der Geist ihn küsste[9] – so, wie man die Geschichte Jesu nicht erzählen kann ohne sein Geist-Erleben bei der Taufe im Jordan.

Und wie ist es bei uns? Welches Ereignis habe ich zu erzählen, wenn ich mein Leben erzählen will – nicht bloß mein in Jahreszahlen chronologisch aufgereihtes Leben, sondern mein Leben von seiner inneren Mitte her? Welches Ereignis gibt meinem Leben die Mitte und Einheit? Welche Erfahrung hat mich auf die Spur gesetzt, auf der ich nun gehe? Es muss kein spektakuläres Ereignis sein. Es muss auch nicht das einzige Ereignis sein und bleiben, das ich mit dem Geist verbinde. Denn auch dies gehört zur Geschichte von Erweckungen: Einmal wach, entdeckt man den Geist in immer mehr Ereignissen des eigenen Lebens, am Ende in allen.

9 Ignatius von Loyola hat diese Geschichte selbst in seiner Autobiographie erzählt, vgl. Bericht des Pilgers, in: Ignatius von Loyola, Gründungstexte der Gesellschaft Jesu II, Würzburg 1998, S. 13–84.

Der geschlossene Aktendeckel

Warum das Amt nicht korrekt geführt wird, wenn es bloß korrekt geführt wird

Im Dezember 1944 meditiert Alfred Delp im Gefängnis von Berlin-Tegel über das Weihnachtsevangelium. Es fällt ihm auf, dass »die Synagoge« (damit meint er die religiösen Amtsträger des Judentums zur Zeit Jesu) nicht zur Anbetung an der Krippe erscheint. »O dass dies doch nur Geschichte und abschreckendes Beispiel wäre! Aber es ist Wirklichkeit ... Die Ämter der Kirche sind innerlich vom Geist verbürgt. Aber die Amtsstuben! Und die verbeamteten Repräsentanten!«[10] Da ist sie, die Kritik an der »Amtskirche«. Gerade sie, die es sollte, kriegt das Entscheidende nicht mit.

Ich bin eigentlich misstrauisch gegenüber pauschaler Kritik an der Amtskirche. Zum einen bin ich selbst ein Teil von ihr. Es ist widersprüchlich, die »Amtskirche« pauschal zu kritisieren, wenn man selbst Amtsträger ist. Damit entzieht man sich selbst der Kritik, statt sich mit ihr auseinanderzusetzen und aus seinem Amt etwas zu machen. Zum anderen vermute ich hinter Amtskritik weniger generelle Kritik an Ämtern, sondern eher Kritik an schlechter Amtsführung. Solche Kritik hängt wiederum mit Erwartungen an Ämter zusammen, also gerade mit der Wertschätzung von Ämtern, manchmal auch mit einer Überschätzung ihrer

10 Alfred Delp, Gesammelte Schriften, Band 4, Frankfurt/Main 1984, S. 212.

Möglichkeiten. Der Text von Alfred Delp macht jedenfalls die Spannung zwischen Amt und Amtsführung deutlich: »Die Ämter der Kirche sind innerlich vom Geist verbürgt. Aber die Amtsstuben! Und die verbeamteten Repräsentanten!«

Ämter haben oft kein gutes Image. Das zeigt der abwertende Ton, der beim Wort »Beamte« mitschwingt. »Die verbeamteten Repräsentanten!« Das schlechte Image ist für viele ein Grund, vor der Übernahme amtlicher Verantwortung zurückzuschrecken. Doch damit überlässt man die Ämter denen, die Ämter anstreben, um wichtig oder um sicher versorgt zu sein. Solche Leute in den Amtsstuben sind das eigentliche Problem. Es hängt für den Frieden in einem Staat, in einer Kommune oder eben auch der Kirche viel von guter Amtsführung ab. Narzissten, Angsthasen und Leute, denen es vor allem um sichere Pensionen geht, sind ein Risiko für gute Amtsführung.

Das Evangelium lobt den Typ des gerechten, verlässlichen Verwalters (vgl. Lk 12,42). Zu Recht. Ein Amt gut zu führen ist harte Arbeit, oft genug mit Konflikten verbunden, die nicht vergnügungssteuerpflichtig sind. Amtspersonen kommen in den allermeisten Fällen gar nicht darum herum, mit differenzierendem Sachverstand und nüchternen, auch enttäuschenden Hinweisen auf Anliegen zu reagieren, die Menschen akut auf den Nägeln brennen und für die sie gern eine passgenaue und schnelle Lösung hätten. Amtspersonen müssen oft dem Druck der Interessen den Hinweis auf allerlei notwendige Verfahren entgegensetzen. Wo das Leben drängt, da muss das Amt oft bremsen.

Dass es sich so verhält, hängt mit dem Verhältnis von Wünschen und Ansprüchen zusammen. Viele Menschen tragen den Amtsträgern ihre Anliegen vor und verwechseln dabei Wünsche mit Ansprüchen: »Weil ich mir das wünsche, habe ich Anspruch darauf.« Darauf reagiert das Amt, indem es nüchtern zwischen Wünschen und Ansprüchen unterscheidet. Man kann sich viel wünschen, aber daraus folgt noch nicht, dass entsprechende Ansprüche bestehen.

Korrekte Amtsführung ist ein Dienst am Vertrauen in einer Gemeinschaft. Wenn sich diejenigen Personen bei den Ämtern durchsetzen würden, die am lautesten schreien, nähme das Vertrauen in der Gemeinschaft Schaden. Das zeigt sich gerade langfristig in Fällen von Amtsversagen.

Daraus schließe ich allerdings nicht, dass Amtspersonen einfach nur Vollstrecker von Verfahrensregeln und Maßnahmen aller Art sein sollten. Zu einer korrekten Amtsführung gehört, nicht immer nur nach allgemeiner Vorschrift zu handeln, sondern offen zu sein für die Besonderheit von Situationen.[11] Kein Bürgermeister hätte im Winter 2015/2016 angemessen auf die große Menge von Flüchtlingen in den Städten und Dörfern Deutschlands reagieren können, wenn er oder sie bloß Vorschriften im Kopf gehabt hätte. Umgekehrt darf man zu Recht den Kopf schütteln über diejenigen Ämter, die im Krisenjahr 2015/2016 Turnhallen leerstehen ließen, weil die Vorschriften es nicht erlaubten, Kinder in Turnhallen übernachten zu lassen, in denen die Steckdosen nicht vorschrifts-

11 Das wussten schon die Alten, etwa Thomas von Aquin: »Obgleich es im Bereich des Allgemeinen eine gewisse Notwendigkeit gibt, unterläuft desto eher ein Fehler, je mehr man in den Bereich des Spezifischen absteigt. … Im Bereich des Handelns … liegt hinsichtlich des Spezifischen nicht für alle dieselbe praktische Wahrheit oder Richtigkeit vor, sondern nur hinsichtlich des Allgemeinen.« Summa Theologiae IIae, q. 94, art. 4, zitiert nach Papst Franziskus, Amoris laetitia, Nr. 304.

mäßig abgesichert waren. Oder um es für den kirchlichen Bereich zu sagen: Ein Verdienst des verstorbenen Berliner Kardinals Georg Sterzinsky war, dass er schon früh die kirchlichen Schulleitungen in seiner Diözese anwies, ihrer Meldepflicht bei »illegalen« Schülern und Schülerinnen an ihren Schulen nicht nachzukommen. Umgekehrt stößt mich der Furor ab, mit dem Kardinäle und andere gegen Ermessensspielräume in der Pastoral kämpfen, so als ob etwa die Zulassung zu den Sakramenten in besonderen Situationen[12] einen Bruch mit der kirchlichen Lehre darstellte. Gibt es wirklich nichts Schlimmeres für das »Heil der Seelen«, als eine Regel einmal nicht anzuwenden, weil ihre Anwendung in der besonderen Situation offensichtlich unangemessen ist? Offenheit für besondere Situationen ist nicht »Beliebigkeit«. Vielmehr missbraucht das Totschlagargument »Beliebigkeit« die Vorschrift als Knüppel, mit dem sich auf alles und jedes beliebig schlagen lässt. Das »Heil der Seelen« ist der Maßstab für die Anwendung kirchlicher Vorschriften. Das formuliert sogar das Kirchenrecht so.[13]

Das ist es wohl auch, was Alfred Delp meinte, als er über die »Amtsstuben« schimpfte: Borniertheit, kleinliche Auslegung von Vorschriften, sowohl von kirchlichen als auch von staatlichen. Wünsche sind nicht das Leben, aber das Leben bringt manchmal ungewöhnliche Situationen hervor, auf die man als zuständige Amtsperson ungewöhnlich reagieren darf und muss, um nicht weiteres Unrecht zu schaffen. Dann ist es eben dran, die Akten-

12 Vgl. Papst Franziskus, Amoris laetitia, Nr. 305.

13 CIC, can. 1752: Salus animarum »quae in ecclesia suprema semper lex esse debet« – Das Heil der Seelen, »das in der Kirche immer das höchste Gesetz sein muss«.

deckel zu schließen, Formulare in die Schublade zu legen und Phantasie für gute Lösungen zu entwickeln, die man auch nicht zu verstecken braucht, weil sie den Vorschriften nicht entsprechen.

Die leeren Rucksäcke

Warum es eine Armut gibt, die reich macht

»Er, der reich war, wurde euretwegen arm, um euch durch seine Armut reich zu machen« (2 Kor 8,9). Wie kann man jemanden durch Armut reich machen? Das ist doch paradox! So reagieren auch viele darauf, wenn nicht nur eine »Kirche für die Armen« propagiert wird, sondern eine »arme Kirche«. Die Kritiker solcher Rede sagen dann, dass es doch gut sei, wenn die Kirche reich ist, denn nur dann könne sie den Armen helfen. Eine arme Kirche hingegen könne niemandem helfen.

Nichts gegen Helfen. Aber es geht hier nicht um Helfen. Als Franziskus, der reiche Kaufmannssohn von Assisi, mit seinem Elternhaus brach, entledigte er sich allen Reichtums, um als Armer zu leben, angewiesen auf die Zuwendungen anderer. Das bedeutet nicht, dass er das Schnorren zu seinem Lebensprinzip machen wollte. Vielmehr folgte er dem Beispiel des Evangeliums. Jesus lebt arm, verschwenderisch und zugleich angewiesen auf Zuwendungen. Dasselbe gilt auch für Gott (vgl. Inkarnation): Wenn Gott Mensch wird, heißt das ja auch, dass die Gottheit, Inbegriff von Reichtum, ohne Rückkehroption in Not und Armut der Menschen einsteigt. Armut ist dann nicht mehr nur ein Durchgangsstadium zurück in den Reichtum, sondern die bleibende Form der Anwesenheit Gottes in der Welt, durch die Gott die Menschen reich macht.

Was das konkret bedeutet, lässt sich am Leben Jesu ablesen. Da wäre zunächst einmal die Aufforderung, allen Besitz loszulassen, und zwar wirklich allen. Jesus lässt seinen eigenen Besitz ganz los, indem er zu aufwändigen Festen mit Armen und Sündern in seine Haus einlädt. Damit handelt er sich den Vorwurf ein, er sei ein »Fresser und Säufer« (Mt 11,19), der die ökonomischen Grundlagen der Großfamilie ruiniert.[14] Dem reichen Jüngling empfiehlt Jesus, sein ganzes Vermögen den Armen zu geben (Mk 10,21), nicht nur einen Teil; aber nicht etwa, um als darbender Pilger mit einer Schar von abgemagerten Asketen bettelnd durch die Lande zu ziehen, sondern um in einer Gemeinschaft zu leben, in der alle miteinander teilen.

Wie aus Teilen Reichtum entsteht, wird in den Brotvermehrungs-Geschichten erzählt. Wenn alle Wanderer, die in ihrem Rucksack ganz tief unten noch eine eiserne Ration für den Notfall haben (»fünf Brote und zwei Fische«, vgl. Mt 14,19), diese auspacken und allen zur Verfügung stellen, bleiben am Ende sogar zwölf Körbe übrig. Es genügt die Bereitschaft, wirklich alles auszupacken. Genau dadurch entsteht der Überfluss für alle. Die Urkirche entwickelte aus solchen Erfahrungen mit Jesus die Vision einer Gütergemeinschaft, in der »keiner von ihnen Not litt« (Apg 4,34).

Alles (!) miteinander teilen – das hat als eine wesentliche Voraussetzung die Bereitschaft, zuzulassen, aufeinander angewiesen zu sein. Das ist frohe, aber auch herausfordernde Botschaft. So

14 Dtn 21,18ff: »Wenn ein Mann einen störrischen und widerspenstigen Sohn hat … dann sollen Vater und Mutter ihn packen, vor die Ältesten der Stadt und die Torversammlung des Ortes führen und zu den Ältesten der Stadt sagen: … Er ist ein Verschwender und Trinker. Dann sollen alle Männer der Stadt ihn steinigen und er soll sterben.«

entsteht Gemeinschaft. Gott begibt sich in die Abhängigkeit der Menschen, Jesus in die Abhängigkeit seiner Geschwister im Reich Gottes (zum Beispiel der vermögenden Frauen, die ihn begleiten – Lk 8,1–3; oder eines Josef von Arimathäa, der schließlich für sein Begräbnis sorgt – Mt 27,57, und so weiter). Der Grundimpuls lautet: »Ich habe meinen Besitz nicht nur für mich.« Besser: »Mein Besitz trennt mich von den anderen, solange ich ihn nicht mit den anderen teile.« Wer gibt, empfängt.

Armut als Lebensform bedeutet also, alles zu geben und aus der Angewiesenheit auf andere heraus zu leben, und zwar täglich. »Arm vor Gott« (Mt 5,3) sein heißt, in der Angewiesenheit auf Gott alles zu geben. Gerade das bereichert – denn Gott gibt alles, was er hat. Es ist lächerlich, zu meinen, man sei nicht angewiesen auf Gott, wenn man viel Besitz hat. Und es ist ebenso lächerlich, zu meinen, die eigene Angewiesenheit auf die Zuwendung anderer ließe sich dadurch überwinden, dass man Geld und Besitz hortet. »Es ist nicht gut, dass der Mensch allein ist« (Gen 2,18). Ein Mensch, der nicht angewiesen ist auf andere, ist allein. Nicht einmal Gott möchte das. Es gibt eben einen Reichtum, der arm macht, und eine Armut, die reich macht.

Das Herz des Verbrechers

Was Barmherzigkeit wirken kann

Im Jahr der Barmherzigkeit 2015/2016 nahm Papst Franziskus den katholischen Arzt Friedrich Joseph Haas in den Kreis der »Heiligen der Barmherzigkeit« auf. 1780 in Münstereifel geboren und 1853 in Moskau verstorben, verbrachte Haas den größeren Teil seines Lebens in Moskau, wo er seine ganze Kraft der Sorge um die Strafgefangenen im zaristischen Russland widmete. Er wird seither in der russischen Bevölkerung als der »heilige Doktor von Moskau« verehrt. Bis heute liegen frische Blumen an seinem Grab.

Oft wird der Begriff der Barmherzigkeit auf das Thema der Vergebung zugespitzt: Gottes Barmherzigkeit zeige sich gerade darin, dass er den Sündern vergebe: »Er ist groß im Verzeihen« (Jes 55,7). Daran ist zunächst richtig, dass Gott die Not von Menschen sieht, die Schuld auf sich geladen haben, und dass ihm diese Not zu Herzen geht. Er liebt diese Menschen und lässt sie nicht in den Abgrund fallen. Doch in dieser Liebe zu den Sündern liegt auch etwas Anstößiges für diejenigen, die Opfer von Verbrechen und Gewalttaten ebendieser Sünder wurden. Von daher kommt es oft zu einer Gegenüberstellung von Gerechtigkeit und Barmherzigkeit: Zwar erfordere die Gerechtigkeit eine harte Konsequenz für den Sünder, aber Gott verzichte auf die Durchsetzung der Gerechtigkeit zu Gunsten der barmherzigen Vergebung. Die Opfer bleiben aber, wenn man das so versteht, mit ihrem Gerechtigkeitsgefühl allein und kommen nicht zum inneren Frieden mit der Barmherzigkeit Gottes.

Es ist deswegen hilfreich, den Begriff der Barmherzigkeit zunächst einmal von dem einfachen Vorgang her zu bedenken, dass sich ein Mensch – oder Gott – überhaupt vom Leiden anderer Menschen bewegen lässt. Der »barmherzige Samariter« wendet sich einfach einem Menschen in Not zu, nicht einem Verbrecher, vielmehr dem Opfer eines Verbrechens. Er verhält sich barmherzig, im Unterschied zu dem Leviten und dem Priester, die beide die Not des überfallenen Menschen nicht an sich herankommen lassen, aus welchen Gründen auch immer. Barmherzigkeit muss also nicht so verstanden werden, dass sie mit ihrer Zuwendung zu den Verbrechern die Not der Opfer überspringt.

Worin könnte also die Barmherzigkeit, verstanden als besondere Liebe zu den Sündern, bestehen? Bei dem oben genannten »heiligen Doktor von Moskau« ist es zunächst einmal die Erschütterung über die Härte des Strafvollzuges im zaristischen Russland. Die Verbrecher sind Verbrecher, keine Frage. Aber die Verbrechen werden in ihrer Grausamkeit von der Grausamkeit der Strafen übertroffen. Es gibt seit eh und je eine »Gerechtigkeit«, die ungerecht ist, weil sie grausam ist. Barmherzigkeit hat genau für diesen Unterschied ein feines Gespür. Vom Geist der Barmherzigkeit bewegt, setzt sich der »Heilige der Barmherzigkeit« ein Leben lang für die Humanisierung des Strafvollzuges ein.

Barmherzigkeit macht sich nicht abhängig von der Reue des Sünders. Sie teilt sich voraussetzungslos mit. Dostojewskij beschreibt in seinem kurzen Porträt des heiligen Doktors von Moskau, wie dessen barmherziges Verhalten ein »Samenkorn« in die Seele des Sünders einpflanzt, das vielleicht eines Tages ein Pflänzchen erster Reue im Verbrecher aufkeimen lässt und ihn dann zu tieferer Reue führt.

»In Moskau lebte ein alter Herr mit einem deutschen Namen, ein ›General‹, das heißt ein Wirklicher Staatsrat; der ging sein ganzes Leben lang fortwährend in die Gefängnisse zu den Verbrechern; jeder Trupp von Verschickten, der nach Sibirien abging, wusste im voraus, dass ›der alte General‹ ihm auf den Sperlingsbergen einen Besuch machen werde. Er verfuhr dabei mit größtem Ernst und größter Frömmigkeit; er erschien, ging durch die Reihen der Verschickten, die ihn umringten, blieb vor einem jeden stehen, erkundigte sich bei jedem nach seinen Bedürfnissen, hielt fast nie jemandem eine Strafpredigt und nannte sie alle ›Täubchen‹. Er gab ihnen Geld und schickte ihnen notwendige Gebrauchsgegenstände, wie Fußlappen und Leinwand, auch brachte er ihnen manchmal geistliche Büchelchen mit und beschenkte damit jeden des Lesens Kundigen in der festen Überzeugung, dass diese sie unterwegs lesen und ihren des Lesens unkundigen Schicksalsgenossen vorlesen würden. Nach den begangenen Verbrechen fragte er nur selten, jedoch hörte er zu, wenn der Verbrecher von selbst davon zu reden anfing. Alle Verbrecher behandelte er gleich, er machte darin keinen Unterschied. Er sprach mit ihnen wie mit Brüdern, sie selbst aber betrachteten ihn schließlich als ihren Vater. Wenn er unter den Verschickten eine Frau mit einem Kind auf dem Arm bemerkte, so trat er hinzu, liebkoste das Kind und schnipste ihm etwas mit den Fingern vor, damit es anfinge zu lachen. So verfuhr er viele Jahre lang bis zu seinem Tod; es kam so weit, dass er in ganz Russland und in ganz Sibirien bekannt war, das heißt bei allen Verbrechern. Jemand, der in Sibirien gewesen ist, hat mir erzählt, er sei selbst Zeuge gewesen, wie die verstocktesten Verbrecher sich des Generals erinnerten, und dabei konnte der General, wenn er einen Trupp besuchte, jedem einzelnen Verschickten selten mehr als zwanzig Kopeken geben. Allerdings gedachten sie seiner nicht eigentlich mit warmer, tiefer Empfindung. Der eine oder andere dieser ›Unglücklichen‹, der vielleicht zwölf Menschen ermordet und ein halbes Dutzend Kinder lediglich zu seinem Vergnügen abgeschlachtet hatte (es heißt ja, dass es solche Menschen gibt), seufzte plötzlich mir nichts dir nichts und vielleicht nur einmal im Laufe seiner zwanzigjährigen Strafzeit auf und sagte: ›Was mag jetzt der alte General machen? Ob er wohl noch lebt?‹ Dabei lächelte er vielleicht, das war alles. Aber woher wollen Sie wissen, was für ein Samenkorn in die Seele dieses Verbrechers von dem alten General gestreut war, den derselbe in den zwanzig Jahren nicht vergessen hatte?«[15]

Es gibt ein Gericht, das ganz besonders gnadenlos mit dem Sünder umgeht, und das ist das Gericht des Sünders über sich selbst, wenn er oder sie die eigene Untat in ihrer ganzen Dimension begreift; den irreparabel angerichteten Schaden sieht; den Zorn der Opfer spürt und spürt, dass der Zorn gerecht ist. Gerade der reuige Sünder hat einen Sinn dafür, dass sein Verbrechen nicht ohne

15 Aus: Fjodr Michailowitsch Dostojewski: Der Idiot, Kapitel 34, übersetzt von Hermann Röhl.

Konsequenzen für ihn selbst aufgearbeitet werden kann. Eine Barmherzigkeit, die dem Sünder bloß einreden will, er solle sein Vergehen nicht allzu ernst nehmen, und ansonsten »Schwamm drüber« empfiehlt, übergeht nicht nur die Opfer, sondern nimmt auch die Sünder in ihrer Reue nicht ernst.

Der »Heilige der Barmherzigkeit« pflegte auch zu den schwersten Verbrechern »mein Täubchen« zu sagen. Die Zärtlichkeit, die in diesem Wort mitschwingt, ist erfüllt von dem Mitleid mit dem Sünder, der sich wegen seiner Sünde selbst nicht mehr lieben kann und sich zu verlieren droht. Diese Stimme ruft den über sich selbst Verzweifelnden zurück in das Leben. So klingt die Stimme der Barmherzigkeit.

Steinernes Schweigen

Warum die Beichte befreit

So wie die Eskimos viele unterschiedliche Worte für »Schnee« haben, so müsste es mehrere unterschiedliche Worte für »Schweigen« geben. Es gibt das schützende Schweigen, das zarte Schweigen der Liebenden, das Schweigen des aufmerksamen Hörens, das betende Schweigen. Es gibt andererseits das abwehrende, zurückstoßende Schweigen, das ängstliche Schweigen, das vertuschende Schweigen, das Totschweigen, das steinerne Schweigen.

Der Grund für das steinerne Schweigen ist die Angst vor Strafe. »Nichts Schlimmeres könnte mir passieren, als dass die Wahrheit ans Licht kommt.« Mit dem steinernen Schweigen schützt sich der Sünder vor der Strafe – sowohl vor der Übernahme der Verantwortung für die Folgen seines Handelns als auch vor dem Pranger, vor der vernichtenden Verurteilung im grellen Licht der Öffentlichkeit. Wenn auch zwischen der gerechten und der ungerechten Strafe ein wesentlicher Unterschied besteht, so verleitet die Angst vor ihr doch in beiden Fällen zur Verschanzung hinter das Schweigen, zumal – im Falle des Prangers – der Mob keinen Unterschied zwischen gerecht und ungerecht macht, sondern seine Wut ohne rationale Selbstkontrolle auf jeden Sünder ergießt.

Das steinerne Schweigen versteinert den Sünder. Mit dem Rücken zur Wand verteidigt er oder sie sich gegen die Vorwürfe, die von innen und von außen her laut werden. Er redet sich ein, dass die Vorwürfe nicht stimmen, und er redet sich auch ein, dass es in Ordnung ist, zu schweigen. Einerseits schließt sich die schweigende Person durch ihr Schweigen immer mehr aus der Gemeinschaft aus, andererseits bleibt sie durch ihr Schweigen äußerlich zugehörig, so dass sich das Schweigen auf das soziale Umfeld wie eine ansteckende Krankheit ausbreitet. Das steinerne Schweigen versteinert eben nicht nur den steinern schweigenden Menschen. Das, was der schweigende Sünder sich selbst einredet, redet er auch anderen ein: dass es gut sei, sich durch Schweigen zu schützen, wenn man etwas verbockt oder verbrochen hat.

Die Institution der Beichte ist das Gegenmittel zu solchen Schweige-Verhältnissen. »Beichte«, das heißt zunächst: »Bekenntnis«, Aussprechen der eigenen Schuld. Das Sprechen wird ermöglicht durch die Zusage des »Beichtgeheimnisses«, des schützenden Schweigens. Personen, die ihre Schuld bekennen, stehen in der Beichte unter einem besonderen Schutz, so wie Kain, den Gott nach dem Mord an Abel mit dem »Kainsmal« zeichnet, um Kain vor der Blutrache zu schützen. Gott schützt die Sünder vor der Vernichtung. Durch die Zusage des Beichtgeheimnisses wird den Sündern signalisiert, dass es eine Alternative zum vernichtenden Urteil gibt. Das schützende Schweigen ist schon der erste Vollzug der Barmherzigkeit. Erst Barmherzigkeit macht es Sündern möglich, ihr steinernes Schweigen zu brechen, und gerade nicht Drohungen – auch nicht Drohungen mit noch härteren Strafen für den Fall, dass er oder sie weiter schweigt.

Ich begegne dem Zusammenhang zwischen dem steinernen Schweigen und dem schützenden Schweigen auch außerhalb des explizit religiösen Vollzugs beinahe täglich. Alle Eltern kennen das, alle Pädagogen und alle, die Verantwortung für andere Menschen tragen. Nicht nur Kinder und Jugendliche sind besetzt von der Angst vor Strafe und kommen gerade so nicht aus den

Fallen des Lügens, Vertuschens und Weitermachens heraus. Es sind hingegen Sternstunden gelingender Kommunikation, wenn sich Menschen im geschützten Raum des Vertrauens zu ihren Fehlern, Regelbrüchen, Lügen oder Gewalttaten bekennen und ihre Isolierung verlassen. Das nicht erzwungene, durch Beichtgeheimnis geschützte Sprechen ermöglicht Einsicht, klassisch: Reue. Taktiken der Defensive werden losgelassen, Tränen dürfen fließen, Verantwortung gegenüber den Opfern der eigenen Tat kann übernommen werden, was im Fall der Fälle auch die Bereitschaft einschließt, die Verantwortung für die Konsequenzen der eigenen Tat auf sich zu nehmen.

Barmherzigkeit und Beichtgeheimnis sind vor dem Missbrauch niemals vollkommen geschützt. Aber das spricht nicht gegen sie. Es ist immer möglich, in einem berechnenden Verhältnis zur Barmherzigkeit und zu schützendem Schweigen stecken zu bleiben.

Das steinerne Schweigen kämpft einen ewigen Kampf gegen das schützende Schweigen, nach dem Motto: Ich breche mein Schweigen im Schutzraum der Schweigens, weil ich dann eine risikofreie Absolution erhalte. Oder: Da ich in der Beichte das Schweigen gebrochen habe, habe ich einen Anspruch darauf, dass mir ein Schadensausgleich und Tatausgleich, klassisch: die Buße erlassen wird. Oder: Ich breche mein Schweigen, weil ich noch schlimmer bestraft werde, wenn mein Schweigen auffliegt. Alle berechnenden Kategorien gehen allerdings am Wesen der Beichte vorbei.

Die Freiheit, die die Beichte verspricht, lässt sich nicht durch Berechnung gewinnen. Das gilt auch für die Person – in der sakramentalen Beichte: den Priester –, der oder die das schützende Schweigen zusagt. Denn kein Priester darf mit der Zusage des Beichtgeheimnisses berechnende Interessen verbinden. Barmherzigkeit entzieht sich der Berechnung – und deswegen auch die Beichte.

Die Tränen des Lehrers

Wie Berufung geschieht

»Der Berg ruft«, sagen die Bergsteiger. Man kann das als eine bloße Redensart abtun. Aber warum sollte man das? Woher kommt dieser Zwang, alle Erfahrungen, bei denen etwas mitschwingt, was nicht ganz verfügbar ist, bloß auf feststellbare, objektive Fakten zu reduzieren? Ganz offensichtlich geht das an der Lebenserfahrung der allermeisten Menschen vorbei. Der äußeren Erfahrung entspricht in vielen Fällen ein innerer Klang, eine Resonanz, die mehr ist als nur ein Echo.

»Ruf« kann sich jederzeit ereignen. Es kann bei einem Kinobesuch sein, einer Buchlektüre, einer Unterrichtsstunde, einer Nebenbemerkung meines Nachbarn, einem Plakat am Straßenrand. Ein Ereignis berührt mich, ruft mich, gibt mir eine neue Lebensperspektive. Man frage Menschen einfach nur, wie es dazu kam, dass sie diesen oder jenen Beruf, dieses oder jenes Hobby gewählt haben, und es werden Berufungsgeschichten aller Art zu hören sein.

Mein Lateinlehrer war ein strenger Mann. Sein präziser Umgang mit Grammatik und Vokabelbedeutung war bei uns Schülern (wir waren eine reine Jungenschule) gefürchtet. Als wir in der Mittelstufe den ersten lateinischen poetischen Text lesen sollten – Ovids »Metamorphosen« –, gab er uns das Proömium zur Übersetzung als Hausaufgabe auf. »In nova fert animus mutatas dicere formas corpora«. In der nächsten Stunde setzte er sich vor uns hin und skandierte zunächst diesen erschreckend unverständlichen Text mit seiner näselnden Stimme. Wir duckten uns, als er aufblickte. Jeder fürchtete, zum Übersetzen aufgerufen zu werden. Doch zu unserem Erstaunen nahm er niemanden zur Übersetzung dran, sondern blickte schweigend in die Ferne. Wir sahen eine Träne in seinen Augen schimmern. Schließlich seufzte er und sagte: »Jungs, ist das nicht wunderbar?«

Sechs Jahre nach dieser Unterrichtsstunde entschloss ich mich, Latein zu studieren. Viele Jahre später wollte ich diesen Lehrer besuchen und ihm als Ausdruck meines Dankes erzählen, wie meine Studienentscheidung mit seinem Unterricht zusammenhängt. Aber als ich anrief, sagte mir seine Frau, dass er gerade vor einigen Monaten verstorben sei.

Natürlich begriff ich damals als Mittelstufenschüler nicht, welche Bedeutung die Szene für meine Berufswahl haben würde. Erst im Rückblick wurde mir klar, dass damals ein Ruf an mich erging, und zwar nicht direkt von dem Lehrer selbst, sondern von dem her, was die Szene in mir auslöste. Der Lehrer hatte in dem Moment gar nicht die Intention, mich zu »rufen«, mich für das Studium der lateinischen Sprache zu motivieren. Hätte er das intendiert, wäre vermutlich gar kein Ruf bei mir angekommen. Ich hätte die Absicht gespürt und hätte mich verstimmt zurückgezogen. Es war gerade seine Selbstvergessenheit, seine absichtsfreie Begeisterung über die sprachliche Schönheit des dichterischen Textes, die in mir etwas auslöste, das nicht verstimmte, sondern stimmte: »Ich möchte auch eines Tages solche Schönheit begreifen und bestaunen können!«

»Berufung« lässt sich nicht machen. Echte Begeisterung für einen Beruf, ein Hobby oder ein Projekt entsteht nicht, weil ein anderer will, dass ich begeistert bin. Das lässt sich auch auf den

Alltag herunterbrechen, zum Beispiel für das Thema der Motivation. Wenn ich heute in meiner Eigenschaft als Lehrer eine Klasse betrete, frage ich (zunächst) nicht, wie ich die Schülerinnen und Schüler motivieren kann, sondern ob ich selbst motiviert bin. Und wenn ich nur motiviert bin, um andere zu motivieren, motiviere ich nicht. Wenn ich mir also wünsche, dass ein »Ruf« von mir ausgeht, muss ich drauf verzichten, selbst zu »rufen«.

Tragfähige Motivation oder tiefergehende Begeisterung sind die Antwort auf einen Ruf jenseits der berechnenden Absichten. Die Antwort ist untrennbar mit dem Ruf selbst verbunden. Ich höre den Ruf, weil ich antworte. Und ich antworte, weil ich den Ruf höre. Berufung entzieht sich berechnenden Absichten und zielorientierter Kommunikation. Sie kann immer und überall stattfinden. Das gilt auch ganz besonders im religiösen Bereich. Das macht mich skeptisch gegenüber Werbung für geistliche Berufe. Eines ist in jedem Fall dabei zu beachten: Leute, die beanspruchen, andere »im Namen Gottes« berufen oder bei ihnen von außen eine »Berufung« ausfindig machen zu können, verwechseln sich selbst mit der Stimme Gottes. Das ist der antitheologische Kern aller autoritären und sektiererischen Gruppen innerhalb und außerhalb der Kirche.[16] Gott beruft, nicht der Mensch.

Wie findet man also zu seiner Berufung? Dadurch, dass man sich dem Unverfügbaren öffnet, das in jedem Augenblick, in jedem Ding und jedem Ereignis auf einen warten kann. Das ist

16 Als Beispiel für verfehlten Berufungs-Aktivismus mit allen seinen katastrophalen Folgen für die so »Berufenen« empfehle ich die Lektüre des Berichts von Doris Wagner, Nicht mehr ich, Wien 2014.

nicht immer ganz leicht, denn unser ganzes Denken und Streben ist zunächst durch zugreifendes, ziel- und ergebnisorientiertes Betrachten und Bewerten der Dinge geprägt. Deswegen ist es eben manchmal notwendig, auf den Pilgerweg zu gehen, in die Stille, in die Offenheit. Dort kann der Ruf erklingen, der außen und innen zusammenführt zu »meiner« Berufung.

Verzerrte Gesichtszüge

Warum Hass Blasphemie ist

Einer der Hauptvorwürfe gegen Jesus lautete Blasphemie: »Er lästert Gott« (Mk 2,7). Deswegen bin ich vorsichtig, wenn der Vorwurf der Gotteslästerung gegen eine Person erhoben wird. Natürlich, es gibt Geschmacklosigkeiten. Im Kultfilm »Das Leben des Brian« singen und swingen gutgelaunte Menschen, die am Kreuz hängen, das Lied »Always look on the bright side of life«. Jugendliche fragten mich, ob ich den Film zusammen mit ihnen anschauen wolle. Ich sagte: Nein.

Wer die Kreuzigungsszene im »Leben des Brian« für gutmakabren englischen Humor hält, der mag das tun. Mir ist das Kreuz zu wichtig, als dass ich es mir in dieser Aufmachung ansehen möchte. Dennoch: Ist die Szene schon blasphemisch? Ich kenne überzeugte Christen, die über die Szene lachen können, weil sie ein Faible für englischen Humor haben. Ich kann das zwar nicht nachvollziehen, aber ich halte mich im Urteil zurück und erspare mir weitere Diskussionen darüber. Ich würde sonst dem Film mehr Gewicht geben, als ich es will.

Blasphemie ist für mich, wenn, wie am 21. August 2016 in der türkischen Stadt Gaziantep nahe der syrischen Grenze geschehen, ein Kind, mutmaßlich ein 12–14-jähriger Junge, von erwachsenen »Gotteskriegern« auf eine Hochzeitsgesellschaft geschickt wird, voll behängt mit Sprengstoffgürteln. Die Sprengstoffgürtel werden per Funk aus der Ferne gezündet, und mehr als 50 Menschen werden getötet. Egal, ob das »in Gottes Namen« geschieht oder nicht – es packen mich zunächst das nackte Entsetzen und der helle Zorn über den Abgrund von Bosheit und Verblendung, der sich hier auftut. Wenn solch eine schreckliche Tat dann auch noch im Namen Gottes geplant und durchgeführt wird, so überkommt mich das dringende Bedürfnis, zu schreien: »Gotteslästerung!«

Eigentlich wird der Name Gottes dauernd gelästert. Was unter dem Schrei »Allahu Akbar« aktuell alles geschieht, kann einem die Freude am Aussprechen des Wortes »Gott« vergehen lassen. Auch wir Christen können uns da an die eigene Brust klopfen, denn wir haben mitgemacht, wenn Kriege im Namen Gottes geführt wurden. »Deus lo vult« lautete der Ruf der Massen, als Papst Urban II. 1095 in Clermont den ersten Kreuzzug ausrief. Und so ging es immer weiter, bis in die Neuzeit und in die moderne Kriegführung hinein. Der Name Gottes wurde und wird für Gräueltaten in Anspruch genommen, für Machtanmaßung, für Verführung von Menschen. Besonders pervers ist, wenn der Vorwurf der Gotteslästerung benutzt wird, um Menschen zum Tod zu verurteilen. Menschen zu töten, um den Namen Gottes zu schützen, ist gotteslästerlich.

Viele Menschen können und wollen das Wort »Gott« nicht mehr in den Mund nehmen, weil es zu sehr belastet ist durch seinen Missbrauch (vgl. Gott). Allein das zeigt den immensen Schaden, den der Missbrauch des Namens Gottes anrichtet. Zu Recht heißt es im Dekalog: »Du sollst den Namen des Herrn, deines Gottes, nicht missbrauchen« (Ex 20,7). Es geht um Gott und die Menschen. Es stellt sich nach dem Bruch des ersten Gebotes die dramatische Alternative: Entweder hat der Missbrauch des Namens Gottes die Macht, den Namen definitiv zu diskreditieren, oder der gute Name Gottes ist stärker als sein Missbrauch und wird sich auch gegen seinen Missbrauch durchsetzen, gewaltfrei. Darauf hoffe ich.

Zurück zum »Leben des Brian« und anderen vergleichbaren Äußerungen in Film und Kunst: Ich plädiere dafür, mit Geschmacklosigkeiten aller Art entspannt umzugehen. Wer sie für lustig hält, der mag das tun und mir nachsehen, dass ich nicht mitlache. Wer seine Wut und vielleicht sogar seinen Hass auf das Christentum durch gezielte Tabubrüche ausdrücken will, an den richte ich die Frage, warum er eine solche Wut oder gar einen solchen Hass hat – wenn er denn überhaupt an einem Gespräch mit mir als Christen interessiert ist. Bei manchen Menschen sind ihre Hassgefühle stärker als sie selbst. Da kommen dann auch andere und nicht nur sie selbst an Grenzen. Aber Veranstaltungen wegen »Gotteslästerung« zu bedrohen, Massen gegen »Gotteslästerer« zu mobilisieren, Rachefeldzüge gegen Menschengruppen, gegen Zeitschriften oder gar gegen ganze Kulturen zu inszenieren, weil sie »Gott lästern«, grenzt an Gotteslästerung. Gotteslästerer und Empörer wider die Gotteslästerung sind sich ähnlicher, als ihnen lieb sein sollte. Hass »im Namen Gottes« verzerrt die Gesichtszüge genauso wie Hass auf Gott.

Ohnmachtsphantasien

Warum DÄMONEN Quälgeister sind und was man gegen sie tun kann

Ich übersetze das griechische Wort »daimon« mit »Quälgeist«. Dämonen sind Quälgeister, jedenfalls im biblischen Verständnis. Anders bei Sokrates. Der spricht in seiner Verteidigungsrede in Athen auch über einen Dämon, genauer; über ein »daimónion«, das zu ihm als eine persönliche göttliche Stimme spricht, eine innere Stimme, die ihn davor warnt, seinem Auftrag zur philosophischen Menschenprüfung untreu zu werden. Das »daimónion« ist für Sokrates ein guter Geist, wenn auch ein ziemlich hartnäckiger, eher vergleichbar mit der Stimme, die Paulus »syneídesis« nennt (Röm 2,15), mit dem Gewissen.

Noch ein anderes Wort sollte vom biblischen »Quälgeist«-Dämon unterschieden werden: »Satan«. Zwar gibt es einen Zusammenhang zwischen Dämonen und Satan, aber Satan ist zunächst der Versucher, der im Gewand des »Lichtengels« (2 Kor 11,14) auftritt (vgl. TEUFEL). Satan will gerade nicht als Satan erkannt werden. Quälgeister hingegen scheuen sich nicht, als solche aufzutreten. Sie quälen und stehen dazu, dass sie es tun. Nur eine Stelle im Neuen Testament ist mir bekannt, wo »Satan« ausdrücklich mit einem Quälgeist in Verbindung gebracht wird, der dort »Bote« Satans genannt wird: In der autobiographischen »Narrenrede« berichtet Paulus: »... mir wurde ein Stachel ins Fleisch gestoßen: ein Bote Satans, der mich mit Fäusten schlagen soll, damit ich mich nicht überhebe. Dreimal habe ich den Herrn angefleht, dass dieser Bote von mir ablasse« (2 Kor 12,7f). Die Bitte wird Paulus nicht erfüllt.

Damit sind wir aber schon bei einer ersten Erkenntnis über Dämonen. Sie sind Quälgeister, die man abschütteln will, aber nicht abschütteln kann. Die Versuchung, die mit ihnen gegeben ist, besteht darin, immer mehr Energie in das Abschütteln zu investieren, statt zu erkennen, dass das nicht funktioniert. Quälgeister muss man leider ertragen. Der Beitrag des Menschen zum Kampf Gottes gegen die Quälgeister besteht darin, sich selbst nicht zu überheben, sondern Gott wirken zu lassen, also: Nicht selbst siegen zu wollen. Dann kann etwas aus der ganzen Quälerei werden.

In den Evangelien werden mit den Quälgeistern Krankheiten beschrieben: epileptische Anfälle, autoaggressives Verhalten, Fieber und vieles andere mehr. Ich kenne aber auch Menschen, die wie Quälgeister sind. Als junger Referendar hatte ich mit einer Schülerin in einer Mittelstufenklasse zu tun, die immer dann, wenn es still wurde, ganz leise »Klausi« in den Raum hineinsäuselte. Sie machte mich damit wahnsinnig, zumal ich sie nie stellen konnte, denn nach dem Ertönen des provozierenden Säuselns lachten alle. Ich wusste genau: Es war sie, aber ich bekam sie nicht zu fassen. Nachts hatte ich in meinen Träumen Ohnmachtsphantasien, die lächerlich gewalttätig waren im Verhältnis zum leisen Säuseln der Mädchenstimme. Vor dem Unterricht in der Klasse bekam ich Magenprobleme. Ich schleppte mich in die Unterrichtsstunden. Ich weiß nicht mehr, wie die Geschichte ausging, aber sie dauerte lange und kostete viel Kraft.

Stalker sind ein besonders grässlicher Fall von Quälgeistern. An ihnen scheitern Therapeuten, Polizisten und Gerichte. Ich hatte es einmal mit einem Stalker zu tun, der Mails und Briefe schrieb

– eine etwas harmlosere Variante des Stalkens. Der Mann hatte mir auf einen Artikel hin unbekannterweise eine lange Mail geschrieben, in der er in kategorischem Ton Fragen an mich stellte. Er erwarte eine zügige Antwort! Ich ließ die Mail zunächst liegen. Nach zwei Tagen kam schon die Mahnungsmail: Warum ich denn immer noch nicht geantwortet hätte! Darauf entschied ich mich, nicht zu antworten. Es folgten mehr als ein Jahr lang Mails und Briefe, die ich alle im Müll landen ließ – irgendwann auch ungelesen. Phasenweise fiel es mir schwer, meine Mailbox oder meinen Briefkasten zu öffnen, aus Angst vor der nächsten Mail. Der Mann musste unglaublich viel Zeit haben. Am stärksten nagte an mir die Versuchung, ihm zu antworten, er möge sich bitte damit abfinden, dass ich ihm nicht antworten würde. Ich ahnte aber auch, dass die Wirkung eines solchen Hinweises kontraproduktiv sein würde; er würde merken, dass die Festung schwankt. Ich befand mich in einem inneren Machtkampf mit ihm, bis ins Morgengrauen hinein. Irgendwann ließ der Quälgeist von mir ab.

An Jesu Auftreten imponiert von Anfang an, dass er Dämonen austreibt. Er besitzt eine Vollmacht, die ihm das ermöglicht. Die Dämonen schreien auf, wenn sie ihn sehen, jammern unterwürfig, kapitulieren, verstummen, bitten ihn, sie in eine Schweineherde fahren zu lassen, und so weiter. Jesus gibt seinen Jüngern den Auftrag, ebenfalls Dämonen auszutreiben. Das geht nur, wenn man über eine vergleichbare Souveränität wie Jesus verfügt. Sie kann wachsen im Laufe der Jahre, aber sie ist zugleich auch Frucht jahrelanger harter Arbeit des Aushaltens. Manchmal kommt der Punkt, an dem man ganz ruhig wird, souverän, und das klare Wort findet, dass den Dämon vertreibt – ohne Geschrei, Gebrüll und Gepolter. In der Ruhe liegt die Kraft.

Die Kapelle auf dem Berg

Wie sich Dankbarkeit auf dem Weg bergab einstellt

In der Nähe meines Wohnortes, auf tausend Metern Höhe, liegt das »Dorf unter dem Himmel«. Dort steht eine Marienkapelle. Von ihr aus hat man fast immer eine gute Aussicht, bei gutem Wetter sogar eine wunderbare. Wenn ich Sorgen und Nöte habe, wandere ich vom Tal aus hoch in die Kapelle. Ich schleppe meine Seelenlasten mit auf die Höhe. Dort, in der Marienkapelle, lege ich sie ab und stelle vor der Marienstatue Teelichter auf. Die Lichter stehen für meine Bitten und Anliegen. Ich lasse die Lichter stellvertretend für mich stehen und steige wieder ins Tal hinab. Meist fühle ich mich danach etwas erleichtert.

Gelegentlich stelle ich auch Danklichter auf. Das tue ich aber erst, seit ich gemerkt habe, dass sich manche meiner Bitten auch erfüllen. In der Not neige ich dazu, mich auf das Bitten zu fixieren. Doch eines Tages, als ich nach einem Besuch in der Marienkapelle vergnügt ins Tal zurückstapfte, schoss mir der Gedanke durch den Sinn: Warum nicht dafür danken, dass ich jetzt so vergnügt bin, nachdem ich mich Anfang der Woche noch wie ein schwer beladener Packesel den Berg hochgeschleppt und unter Stöhnen und Tränen in der Kapelle meine Sorgen abgeladen habe? Ein Moment spontan gefühlter Dankbarkeit – warum nach Zeiten des Bittens nicht auch danken dafür, dass eine schwierige pädagogische Intervention gelungen ist; dass unerwartet aus dem Off eine Spende hereingeflogen ist, die dem Haushalt wenigstens kurzfristig Entlastung bringt; dass die lebensgefährliche Operation eines Bruders geglückt ist; dass der Betriebsfriede trotz der harten Entscheidung nicht verlorengegangen ist; dass wieder eine Attacke von Missgunst und Verdächtigungen überstanden ist, und so weiter?

»Ist denn keiner umgekehrt, um Gott zu ehren, außer diesem Fremden?« (Lk 17,18). So fragt Jesus. Mit »Gott ehren« ist hier »danken« gemeint: »Er (der Geheilte) warf sich vor den Füßen Jesu zu Boden und dankte ihm« (Lk 17,16). Gerade sind zehn Aussätzige geheilt worden. Sie wurden von Jesus zu den Priestern geschickt, um vorschriftsmäßig die Heilung bescheinigen zu lassen, damit sie dann wieder in das normale Leben zurückkehren können. Nur einer, der Mann aus Samarien, spürt auf dem Weg zu den Behörden Dankbarkeit und dreht mitten auf dem Weg um; er will zuerst einmal danken. Er gibt der spontanen Regung der Dankbarkeit Vorrang vor der Erfüllung der Vorschriften. Die kann man nämlich auch später noch erfüllen.

Momente spontan gefühlter Dankbarkeit sind besonders kostbar. Sie befreien den Kopf von der Anspruchslogik, die immer auch irgendwie in uns klebt. Es gibt legitime Ansprüche: Der Patient hat einen Anspruch auf die Leistung des Arztes, die Schülerin einen Anspruch auf den Unterricht, das Kind hat Anspruch auf die Fürsorge der Eltern. Das ist in Ordnung. Was der eine Arzt oder die andere Lehrerin in einer Beziehung »liefert«, ist allerdings nur das eine. Wirklich herzlich wird es erst, wenn die Dankbarkeit hinzukommt. Die kann man weder verlangen noch liefern.

Das gilt auch für das Gebet. Manche Menschen gehen mit einer Anspruchshaltung ins Gebet. Wenn Gott nicht liefert, wenden sie sich anderen Göttern zu, die verlässlicher liefern. Dasselbe Anspruchsdenken wird dann auch scheinbar fromm auf Gott selbst projiziert: Gott habe, wenn er liefert, Anspruch auf die Gegenleistung des Menschen; Dank sei diese verdiente Gegengabe, die Gott erwarten könne, wenn er auf Bitten und Wünsche von Menschen hin geliefert hat. So aber wird Dank zur Leistung in einem Tauschgeschäft.

Das ist nicht die Dankbarkeit, die dem Geist des Evangeliums entspricht. Die Geschenke des Himmels werden nicht von Gegenleistungen der Empfänger abhängig gemacht. Umgekehrt ist der Verdacht, es werde etwas von uns gewollt, wenn und etwas geschenkt wird, unangemessen – angefangen mit dem Leben, das uns geschenkt ist. Nur das, was wir einander gratis, aus Liebe und herzlicher Zuneigung geben, führt uns wirklich zusammen, jenseits der Berechnungen.

Dankbarkeit ist die Anerkennung der geschenkten und empfangenen Gaben. Ignatius[17] erhebt die Undankbarkeit zur Wurzelsünde, um deutlich zu machen, dass die Dankbarkeit, also die zweckfreie, nicht berechnende Anerkennung der Gaben Grundlage des Gebetes ist, eine Haltung, die sich ausprägt in der Gestaltung aller anderen Beziehungen:

17 Auch Luther: »Für den Reformator bestand die Hauptverfehlung der Menschen darin, dass sie nicht wahrhaben wollten, was ihnen von Gott geschenkt worden war. Es ist, so klagte er (Luther), *ein verdrießlich Ding um die verfluchte Undankbarkeit.* Obwohl Gott *sie mit so reichen, großen Wundertaten überschüttet* hatte, klagte er, wollten sie *derselbigen nicht eine ansehen noch dafür danken*« (Joachim Köhler, Luther!, Leipzig 2017, S. 331).

> »In seiner göttlichen Güte erwäge ich, vorbehaltlich eines besseren Urteils, dass unter allen vorstellbaren Übeln und Sünden die Undankbarkeit eines der von unserem Schöpfer und Herrn und vor den Geschöpfen, die seiner göttlichen und ewigen Ehre fähig sind, am meisten zu verabscheuenden Dingen ist, weil sie Nichtanerkennung der empfangenen Güter, Gnaden und Gaben ist, Ursache, Ursprung und Beginn aller Sünden und aller Übel; und umgekehrt, wie sehr die Anerkennung und Dankbarkeit für die empfangenen Güter, Gnaden und Gaben sowohl im Himmel wie auf der Erde geliebt und geschätzt wird.«[18]

Ich füge hinzu: Dankbarkeit ist begleitet von Freude, besonders in den spontanen Momenten der Dankbarkeit: »Er lobte Gott mit lauter Stimme« (Lk 17,15).

18 Ignatius von Loyola an Simão Rodrigues (1542). Aus: Briefe und Unterweisungen, hrsg. von Peter Knauer, Würzburg 1991, S. 23.

Die Wirklichkeit anerkennen

Warum Demut keine Frage der Moral ist

»Wer der Erste sein will, soll der Letzte von allen und der Diener aller sein« (Mk 9,35). Ich ergänze: Wer Letzter sein will, um Erster zu sein, will Erster sein. Daraus folgt: Demut kann man nicht wollen, man kann sie nicht erstreben. Sie ist in diesem Sinne keine Frage der Moral.

Demut ist bei vielen Menschen in Verruf geraten. Für Friedrich Nietzsche verbirgt sich hinter Demut das Ressentiment der Schwachen gegenüber den Starken, wie es besonders exzessiv im Christentum kultiviert werde. Dass es sich oft so verhalten hat und auch heute oft so verhält, ist keine ganz neue Erkenntnis. Die Kritik der »falschen Demut« war schon immer ein großes Thema der geistlichen Literatur. Die Alten wussten: Falsche Demut ist eine Steigerungsform des Hochmutes.

Zunächst: Das Ressentiment der Schwachen gegen die Starken ist ein alltagsrelevantes Thema. Ein WG-Mitbewohner spricht nicht mehr mit mir; ich frage ihn, warum er mich schneidet, und er antwortet mir: »Ich brauche Abstand von dir – du bist mir zu stark.« Oder: Ein Schüler ragt durch authentisches Interesse am Unterrichtsthema heraus; seine Mitschüler nennen ihn deswegen einen Streber. Eine Mitarbeiterin zeigt Begeisterung für die Arbeit; sie wird von ihren Kollegen zurechtgewiesen: »Du verdirbst die Preise!« Ein Angestellter verfügt über mehr fachliche Kompetenz als sein Vorgesetzter; der Vorgesetzte erlebt das als Bedrohung, statt sich über die Kompetenz des Kompetenteren zu freuen. Also: Wer herausragt, muss einen Kopf kürzer gemacht werden. Die Schwachen ertragen die Starken nicht. Demut wäre in all diesen Fällen also zunächst die Fähigkeit, Größe beim anderen anzuerkennen.

Man kann aber auch bei sich selbst eigene Größe klein machen. Falsche Demut ist zum Beispiel an der Zurückweisung von Komplimenten erkennbar – wenn man einmal davon ausgehen darf, dass es Komplimente gibt, die stimmen. Ein Freund von mir wurde einmal (nicht von mir) für eine öffentliche Auszeichnung vorgeschlagen. Er wollte die Auszeichnung eigentlich zurückweisen, unter anderem auch aus »Gründen der Demut«; aber zugleich wollte er die Frau nicht verletzen, die ihn vorgeschlagen hatte. Also sagte er: »Weil du es bist, die mich vorgeschlagen hat, werde ich die Auszeichnung annehmen.« Darauf antwortete die Person: »Ich möchte aber nicht, dass du die Auszeichnung annimmst, weil ich dich vorgeschlagen habe, sondern deswegen, weil du dich über die Auszeichnung freust.« Sich über ein Kompliment aufrichtig freuen zu können ist ein Ausdruck von Demut.

Das Eingangszitat aus dem Evangelium bringt den »letzten Platz« mit dem »Dienst an allen« zusammen: Wer den letzten Platz innehat, ist der Diener aller. Demut hat mit Dienst zu tun. Gewiss. Etymologisch wird das deutsche Wort Demut auf »Dienst-Mut« zurückgeführt. Aber auch das ist ambivalent: Dienstrhetorik dient oft der Verschleierung von Herrschaftsverhältnissen, gerade dann, wenn sich Herrscher als Diener und die höchsten Herrscher als Diener der Diener bezeichnen. »Wir dienen besonders gern in gehobener Stellung.« Zur Demut gehört hingegen ganz wesentlich, dass man diese Tugend nicht bei sich selbst feststellen kann. Wer sich selbst als demütig bezeichnet, ist es schon nicht mehr.

Ich will mich nicht nur bei kritischen Abgrenzungen aufhalten. Das lateinische Wort für »Demut« lautet »humilitas« – Niedrigkeit. »Auf die Niedrigkeit seiner Magd hat er geschaut« (Lk 1,48), singt Maria im Magnifikat. Diese Niedrigkeit Mariens ist keine freiwillige Niedrigkeit, keine moralische Leistung, keine gewollte »Demut«. Die Magd ist niedrig, weil sie erniedrigt wird – durch ihre Herrin, durch Menschen, durch Feinde, durch ungerechte Verhältnisse, wie auch immer. Gegenfigur zur niedrigen Magd sind die Menschen, die »im Herzen voll Hochmut sind«, die »Mächtigen« auf den Thronen (vgl. Lk 1,51f). Sie werden nun von Gott erniedrigt, während die niedrige Magd erhöht wird.

Demut entsteht nicht durch eigene moralische Anstrengung, sondern dadurch, dass man gedemütigt wird. Weil die niedrige Magd durch die Verhältnisse, durch die Mächtigen oder durch wen auch immer erniedrigt wird, hat sie die Chance, auch die Erhöhung an sich geschehen zu lassen, ohne dadurch hochmütig zu werden. Die Hochmütigen erhalten umgekehrt durch die Erniedrigung die Chance, demütig zu werden. Demütig wird, wer gedemütigt wird und das auch zulässt. Das ist der Grund dafür, warum man Demut nicht aktiv wollen und erstreben kann. Sie reift in Menschen, wenn sie das Leben an sich heranlassen. In besonders schwierigen, narzisstisch verblendeten Fällen bedarf es eines Eingriffs von außen, den man gar nicht wollen kann, um auf den Weg der Demut geführt zu werden.

Das ist kein Freibrief dafür, andere Menschen zu demütigen. Es geht vielmehr darum, an demütigenden Erfahrungen innerlich zu wachsen, nicht darum, sie zu rechtfertigen. Ein Karriereknick, eine Niederlage, niederdrückende Gefühle, das Scheitern einer Ehe, ein Versagen vor eigenen moralischen Maßstäben – das alles und vieles mehr holt mich vom Podest runter, auf dem ich mich sehe. In solchen Momenten der Demütigung ist Gelegenheit zum Umdenken, zur »metánoia« (Mk 1,13) gegeben: Veränderung des Selbstbildes, Anerkennung der Wirklichkeit einschließlich der Grenzen, die sie mir setzt. Demütige Menschen sind diejenigen, die die Wirklichkeit anerkennen, statt sich in Traumwelten zu verlieren oder in Klagen über die böse Welt und in anderen Formen von Wirklichkeitsverweigerung.

Die christliche Tradition kennt noch eine weitere Dimension der Demut, nämlich die Freude in (nicht: an) der Demütigung: »Selig seid ihr, wenn ihr um meinetwillen beschimpft und verfolgt und auf alle möglichen Weisen verleumdet werdet. Freut euch und jubelt …« (Mt 5,11f). Die Apostelgeschichte berichtet, wie die Jünger Jesu ausgepeitscht werden. Und dann: »Sie freuten sich, dass sie gewürdigt worden waren, für seinen (Jesu) Namen Schmach zu erleiden« (Apg 5,41). Diese Freude ist nicht zu verwechseln mit den Gefühlen, die von Masochisten bevorzugt werden. Vielmehr ist es die Freude über die solidarische Nähe zu Jesus, der tatsächlich »der Letzte« im Sinne des Eingangszitates Mk 9,35 ist. Mit ihm in Solidarität vereint zu werden, darin besteht die Freude. Diese Freude ist ganz einfach auch heute schon zu spüren, wenn es gelingt, sich mit Beschimpften, Verfolgten und Verleumdeten in der Nachfolge Jesu um den Preis von Ärger und Anfeindungen zu solidarisieren, ohne sich dabei selbst auf dem hohen moralischen Ross zu fühlen. Der demütige Mensch ist nicht der bessere Mensch, sondern der beschenkte Mensch.

Beschützende Zufälle

Wie Engel hinter der Bühne die Fäden ziehen

Gern inszeniere ich im Religionsunterricht oder bei Kinderpredigten Bibelstellen. Ich hole die handelnden Personen aus dem Buch heraus. Unterschiedliche Jugendliche werden nach vorn gebeten und übernehmen Rollen aus Bibelgeschichten. Das hilft, den »Schauplatz«[19] der Geschichte plastisch darzustellen. Bei einer »Person« allerdings zögere ich mit der Darstellung: Gott. Ich kann und will Gott nicht wie einen beliebigen Menschen unter Menschen herumlaufen und sprechen lassen, auch nicht auf der Bühne. Ich weiß: Es gibt da bei der Person Jesu eine Besonderheit, über die jetzt hier zu sprechen wäre (siehe Inkarnation). Doch es gibt sehr viele Bibelgeschichten – zum Beispiel das gesamte Alte Testament –, in denen Jesus nicht vorkommt, wohl aber Gott. Und auch diese Geschichten will ich plastisch vorstellen können, auch auf einer Bühne.

Meine Lösung: Ich lasse Engel an Gottes Statt auftreten. Engel kann ich eher ansehen als Gott, den ich nicht ansehen kann und nicht ansehen will. Um es mit den schönen Worten von Friedrich Spee zu sagen: »Bedeck, o Mensch, dein Augenlicht. Vor dieser Sonn besteht es nicht. Kein Menschen auf dieser Erde kann den Glanz der Gottheit schauen an.« Der Engel löst das Problem: Er schützt die Unsichtbarkeit Gottes und ermöglicht zugleich seine

19 Vgl. Anm. 5.

Sichtbarkeit. Die Bibel selbst bedient sich oft dieses Mittels. Begegnungen mit dem »Engel des Herrn« (z. B. Ex 3,3) sind Begegnung mit dem »Herrn«. Der Engel des Herrn ist durchsichtig auf den Herrn hin, ohne selbst der Herr zu sein.

Sind Engel also nur ein literarisches Mittel, um angemessen über Gott zu sprechen? Ich zögere bei dem Wort »nur«. Mit dem Wort »nur« kann man so viel kaputtmachen. Ich habe noch weitere Vorstellungen über Engel, die ich nicht auf ein »nur« reduziere. Nach einem Wort Jesu haben alle Kleinen einen Engel, der vor Gott steht und dort für sie eintritt. Hier ist die Richtung umgekehrt: Die Engel stehen für die Kleinen vor Gott, nicht für Gott vor den Kleinen. Die Kleinen haben Botschafter im Himmel. Vielleicht kennen die Kleinen den Himmel noch gar nicht und haben auch keine Vorstellung von Gott. Das ist nicht schlimm. Die Engel übernehmen das für sie. Auch ich erwachsener Mann bin nicht so viel größer als die Kleinen. Ich überlasse den Engeln, vor Gott zu bringen, was ich von mir, von meinen Bedürfnissen und Bitten noch nicht kenne.

Engel behüten. Sie behüten gerade vor Gefahren, die ich noch nicht sehe. »Denn er hat seinen Engeln befohlen, dass sie dich behüten auf allen deinen Wegen, dass sie dich auf den Händen tragen …« (Ps 91). Hier kümmern sich sogar viele Engel um mich, nicht nur einer. Es gelingt Engeln, die Ereignisse in vielen Aspekten und Verzweigungen, die ich nicht kenne, so zu arrangieren, dass sich das Ganze am Ende für mich zum Guten fügt. Beispiel: Ein Pfarrer beherbergte in seinem Haus zwei Flüchtlinge, die ohne Aufenthaltserlaubnis in der Stadt gestrandet waren, bei ihm angeklopft und um Obdach gebeten hatten. Im Laufe der langen Tage und Wochen langweilten sich die beiden Gäste immer mehr.

Eine Tages ermutigte sie der Pfarrer: »Geht doch mal in die Innenstadt. Da findet gerade eine Demo für Pass-Amnestie von Illegalen statt.« Die beiden wagten den Schritt auf die Straße. Kaum waren sie draußen, klingelte es an der Haustür. Polizeirazzia: Es sei ruchbar geworden, dass in den Gemeinderäumen Illegale beherbergt werden. Die Polizisten durchsuchten die Räumlichkeiten und fanden niemanden.

Nur Zufall? Oder sagt mir das Gefühl, dass hier zwei Menschen »von guten Mächten treu und still umgeben« (Dietrich Bonhoeffer) wurden, etwas Wahres an? Haben die guten Mächte hinter der Bühne etwas arrangiert? Woher der Drang, das Ereignis auf ein »nur Zufall« zu reduzieren, statt dankbar die Augen zu schließen und Gott zu danken, dessen Engel die Fäden so genial, trotz des Ernstes der Lage sogar irgendwie so humorvoll gezogen haben? Wer weiß, wovor sonst sie mich schon behütet haben? Im Himmel werde ich das beim großen Lebensrückblick genauer erfahren.

Tutsi und Hutu

Wie sich ERBSÜNDE fortpflanzt

Im Römerbrief von Paulus steht ein Satz, der das Drama des guten Willens im Menschen auf den Punkt bringt: »Ich tue nicht das Gute, das ich will, sondern das Böse, das ich nicht will« (Röm 7,19). Die Übertretung moralischer Gesetze wird hier nicht als ein Ausdruck von Stärke, sondern als Ausdruck von Schwäche beschrieben. Missetäter, Feiglinge, Verräter, Lügner, Treulose, Wiederholungstäter, Mobber, Intriganten und so weiter sind nicht stark, sondern schwach, abhängig, getrieben – im nichtmedizinischen Sinne des Wortes »krank«. Sie bedürfen der Hilfe, der Heilung, der »Erlösung«. Allein kommen sie aus dem inneren Drama der Sünde nicht heraus.[20]

Zunächst: Es handelt sich tatsächlich um einen Zwiespalt im vollen Sinne des Wortes.[21] Man kann aus der Tatsache, dass ein Mensch lügt, nicht schließen, dass er lügen will – auch in dem Sinne, dass er meint, es sei in Ordnung zu lügen. Es mag zwar Menschen geben, die gar kein moralisches Gesetz (»das Gute, das ich will«) in ihrem Gewissen wahrnehmen, aber das ist nicht der

20 Wohlgemerkt »Sünde« im Singular: »Die in mir wohnende Sünde«, die macht, dass ich sündige, obwohl ich nicht sündigen will – vgl. Röm 7,17.

21 William James, Die Vielfalt religiöser Erfahrung, Frankfurt/Main 1997, S. 192ff, im Anschluss an Röm 7,19: »Lassen Sie mich ein paar typische Fälle von entzweiter Persönlichkeit zitieren ...«

Regelfall. Jeder alkoholisierte Jugendliche, den ich bisher beim Randalieren (»das Böse, das ich tue«) erwische, weiß und stimmt zu, dass Vandalismus nicht in Ordnung ist. Trotzdem kann er, aus welchen Gründen auch immer, der Versuchung nicht widerstehen, eine Flasche Wodka in sich hineinzukippen, wohlwissend, dass dies nicht in Ordnung ist und dass er die Kontrolle über sich verlieren und Dinge tun wird, die ebenfalls nicht in Ordnung sind.

Aus dem pädagogischen Alltag kenne ich etwas, das ich den pelagianischen Impuls nenne: Ungehaltensein über fortdauernde Regelbrüche. »Jetzt ist aber Schluss!«, ruft es dann in mir. Bei Pelagius, einem nach sittlicher Vollkommenheit strebenden Mönch aus dem 4. Jahrhundert nach Christus, klang das so: »Nach so vielen Unterweisungen, die deine Aufmerksamkeit auf die Tugend lenken; nachdem das Gesetz (die Tora) gegeben wurde; nach den Propheten, nach den Evangelien, nach den Aposteln kann ich einfach nicht einsehen, wie Gott dir Nachsicht zeigen könnte, wenn du Verbrechen begehen willst.«[22] Demgegenüber formulierte sein Gegenspieler Augustinus, der die Formulierung von der »Erbsünde« in der christlichen Theologie wirkmächtig machte, ein differenzierteres Bild vom Verbrecher. Augustinus griff zurück auf Paulus' Wort von der »Sünde« (Singular), die macht, dass der Mensch sündigt, obwohl er nicht sündigen will; wer diesen inneren Zwiespalt beim Sünder nicht sehe, sondern sich bloß empöre, begreife weder die tiefe Erlösungsbedürftigkeit des Menschen – gerade im Bereich des sittlichen Handelns – noch das große Ge-

22 Zitiert nach Peter Brown, Augustinus von Hippo, Leipzig 1973, S. 326.

schenk der Barmherzigkeit Gottes, die gnadenhaft die Macht der Sünde (Singular) im Inneren des Menschen entmachte.

Augustinus wird landläufig der Vorwurf gemacht, er habe mit der Wortkombination »Erb« und »Sünde« die Vorstellung in der christlichen Tradition verankert, dass »die Sünde« (Singular) durch Sex weitergegeben werde; damit habe er einen tiefen Schatten auf die Sexualität gelegt. Ich bin mir nicht sicher, ob man Augustinus so einfach auf diese Sichtweise reduzieren kann. Es ist ohnehin nicht notwendig, den Vorgang der »Vererbung« mit Sex zu assoziieren. »Sünde« (Singular) wird kulturell »vererbt«, durch Tabus, Traditionen, Mythen über sich selbst und über andere. Schon als Kinder hassen Hutu Tutsi und Tutsi Hutu. Sie haben sich nicht irgendwann dazu entschieden, Menschen aus der anderen Ethnie zu hassen, sondern sie finden sich schon als Kleinkinder in diesem Hass vor, sie saugen ihn mit der Muttermilch auf, weil sie eben Hutu oder Tutsi sind. Wenn sie an den Punkt kommen, zu merken, dass der Hass nicht gut ist und dass sie lieber aus dem Hass herauskommen wollen (»das Gute, das ich will«), steht immer noch mächtiger innerer und äußerer Druck dagegen, so dass der Schritt aus dem Hass nicht gelingt (»das Böse, das ich nicht will«): Der Groll bleibt, das Misstrauen, die Angst vor dem Verräter-Stigma, falls ich aus den Verhaltensmustern meiner Ethnie ausschere.

Wie funktioniert dann die »Erlösung«, die Befreiung von der »Erbsünde«? Es muss jemanden geben, über dessen Inneres »die Sünde« (Singular) keine Macht hat. Das Evangelium weist auf Jesus hin. Er ist Vorbild in dem Sinne, dass er zeigt, wie es geht; er entmachtet die Sünde (Singular) dadurch, dass er sich von ihr nicht herunterziehen lässt. Die Macht der Sünde beißt sich an Jesus die Zähne aus. Jesus erlebt die Macht der Sünde am eigenen Leib und in der eigenen Seele, und doch lässt er sich von ihr nicht verwirren. Er ist der Tutsi, der den Hutu nicht hasst, der Brahmane, der den Unberührbaren berührt, der Christ, der den Muslim achtet (oder umgekehrt), der Gastgeber, der sich einladen lässt, der Verfolgte, der für die Verfolger betet. Es gibt für die Menschheit nach der langen Vererbungsgeschichte der Sündenmacht »in Adam« einen Neuanfang »in Christus«. So drückt es Paulus in 1 Kor 15,22 aus. Wenn man sich in Jesu Nähe begibt, kann man sich von diesem Neuanfang heilen und bewegen lassen.

Die Erschütterung der Tochter

Was Erlösung auslöst

Mein Blick fiel auf einen Zettel an der Ausgangstür einer Autobahnraststätte: »Don't forget to redeem your voucher – vergiss nicht, deinen Gutschein einzulösen«, jenen 50-Cent-Gutschein, den man am Automaten erhält, wenn man 1 € einwirft, um das übliche Geschäft zu erledigen. »Redeem – redemption«, das englische Wort auch für »Erlösung«, hier aber mit »Einlösung« übersetzt. Aha! Erlösung ist Einlösung.

Erlösen ist eine Form des Kaufens. Boas erwirbt Rut, indem er das Löserecht vom »Löser« (Rut 4,1ff) übertragen bekommt und Rut (los)kauft. Man kann sich von seinen Angehörigen aus der Schuldgefangenschaft freikaufen lassen. Jesus kauft auch los, allerdings nicht mit Geld oder Vouchers, sondern mit seinem Blut, das heißt unter Einsatz seines Lebens: »Du hast mit deinem Blut Menschen für Gott erworben aus allen Stämmen und Sprachen, aus allen Nationen und Völkern« (Offb 5,9). Christen folgten in der Antike Jesus auf diesem Weg, indem sie Galeerensklaven dadurch auslösten, dass sie sich statt ihrer in den Sklavendienst begaben.[23]

Bis heute findet Vergleichbares statt, wenn Menschen ihr Leben für andere riskieren. Vor einigen Jahren feierte Spanien einen Mann namens Nazario Gomez Valverde. Nach quälend langen

23 Vgl. auch: Im Mittelalter legten die Mitglieder des Ordens der Mercedarier das Zusatzgelübde ab, sich im Notfall in Geiselhaft zu begeben, um Sklaven zu befreien.

Auseinandersetzungen in der Familie war seine Tochter in das Drogenmilieu von Almeria abgetaucht.

»Nazario Gomez kündigte danach seinen Job als Direktor bei einer Versicherungsfirma. Er tarnte sich als drogensüchtiger Penner, ließ sich einen langen Bart wachsen und tauchte ebenfalls in die Drogenszene Almerias ein. Zusammen mit Heroinsüchtigen verbrachte er Tage und Nächte am Bahnhof, er bettelte Passanten an und nahm selbst Drogen, damit niemand in der Szene Verdacht schöpft. Nur langsam kam er seiner Tochter auf die Spur. In der Szene zeigte er Fotos von seiner Tochter. ›Um nicht aufgedeckt zu werden, erzählte ich den Jungs, es sei so eine Tussi, mit der ich mal was hatte und die ich gerne wiedersehen möchte‹, sagt Nazario Gomez und erfuhr, dass seine Tochter sich schon mit dreizehn Jahren prostituiert hatte, um an Drogen zu kommen. Schließlich führte ihn die Suche nach seiner Tochter nach Barcelona. Er schleuste sich in die Drogenmafia ein und dokumentierte die Namen der Dealer. ›Oft hatte ich Angst aufzufliegen. Gerade wenn sie mir Kokain gaben, bangte ich, im Rausch alles auszuplaudern.‹ Ein Jahr spielte er den verdeckten Ermittler, bis er schließlich seine Tochter fand. Der Drogenkonsum hatte ihn körperlich und psychisch stark angegriffen. Seine Tochter war erschüttert, als sie ihn sah, und sagte sich von der Drogenszene los. Lange blieb die Geschichte geheim. Doch nun zog Nazario Gomez gegen die Dealer vor Gericht, die seine Tochter damals mit Stoff versorgten. Durch seine Angaben konnte die Polizei

Drogenringe in Valencia, Almeria, Barcelona, Malaga, Alicante und Murcia ausheben.«[24]

Die Erschütterung der Tochter ist der Dreh- und Angelpunkt dieser Geschichte. Erlösung durch »Blut« führt zusammen, vereint. Wenn ich sehe, was der »Erlöser« für mich einsetzt, kann ich nicht unberührt bleiben. Die ausgelöste Person legt ab, was sie von dem Löser trennt. Der Loskauf bewirkt Zugehörigkeit.

Erlösungserfahrungen kann man schon in kleineren Zusammenhängen machen: wenn ein Kollege meine Überforderung sieht und für mich einspringt; wenn ein Mensch Zeugnis für mich ablegt gegen meine Verleumder und dabei selbst riskiert, verleumdet zu werden. Manchmal sind die Erlöser gerade nicht die, die einem so nahe sind wie Vater und Tochter in der Geschichte. Aber durch die Erlösung kommen sie einander nahe.

24 Manuel Mayer, »Nicht ohne meine Tochter«, Berliner Zeitung, 18. 4. 2002.

Jubel auf dem Balkon

Warum das Evangelium eine Freudenbotschaft ist

Zu den legendären Ereignissen des Wendejahres 1989 gehört der Auftritt des damaligen Außenministers der Bundesrepublik Deutschland, Hans Dietrich Genscher, auf dem Balkon der von deutschen Flüchtlingen aus der DDR überfüllten Prager Botschaft: »Wir sind zu Ihnen gekommen, um Ihnen mitzuteilen, dass heute Ihre Ausreise …« Der Rest der Worte ging in den ausbrechenden Jubelrufen unter. Die Menschen, die tagelang auf dem Botschaftsgelände unter unwürdigen Bedingungen ausgeharrt hatten, hörten die erlösende Nachricht, bevor sie ausgesprochen war.

Diese Botschaft war für sie ein »Evangelium«, eine »gute Nachricht«. Auch Jesus hatte eine gute Nachricht. Das kann man allein schon an der Ausgelassenheit der Feste festmachen, die er mit den »Zöllnern und Sündern« feierte. Mit seiner guten Nachricht löste er Feststimmung aus. Die Nachricht lautete: Schuldenerlass. Der Kreislauf von Verschuldung, Schuldknechtschaft und Ausgrenzung ist zu Ende!

> »So kam er auch nach Nazaret, wo er aufgewachsen war, und ging, wie gewohnt, am Sabbat in die Synagoge. Als er aufstand, um vorzulesen, reichte man ihm die Buchrolle des Propheten Jesaja. Er öffnete sie und fand die Stelle, wo geschrieben steht: *Der Geist des Herrn ruht auf mir; denn er hat mich gesalbt. Er hat mich gesandt, damit ich den Armen eine*

frohe Botschaft bringe; damit ich den Gefangenen die Entlassung verkünde und den Blinden das Augenlicht; damit ich die Zerschlagenen in Freiheit setze und ein Gnadenjahr des Herrn ausrufe. Dann schloss er die Buchrolle, gab sie dem Synagogendiener und setzte sich. Die Augen aller in der Synagoge waren auf ihn gerichtet. Da begann er, ihnen darzulegen: Heute hat sich das Schriftwort, das ihr eben gehört habt, erfüllt« (Lk 4,16–22).

Die gute Nachricht ist für andere eine schlechte Nachricht. Es gibt Profiteure der Schuldknechtschaft. Das Evangelium führt Jesus in einen Konflikt mit denen, die die gute Nachricht gar nicht gut finden. Das ist eine Erfahrung, aus der man eine Regel ableiten darf: Es gibt keine gute Nachricht ohne solche, die sich über sie ärgern. Im Falle Jesu meinten seine Gegner, ihn wegen des Evangeliums zum Schweigen bringen zu müssen. Aber das gelang nicht. Die Paste geht nicht zurück in die Tube. Die Spur des Evangeliums lässt sich nicht verwischen. Der Jubel lässt sich nicht unterdrücken. Manchmal ist er vielleicht nur wie eine Glut unter viel Asche. Aber die Glut lässt sich jederzeit neu entfachen.

Evangelium und Jubel hängen eng zusammen. Das Amnestie-Jahr, welches nach der Vorstellung der Tora in jedem fünfzigsten Jahr ausgerufen werden soll, heißt »Jubeljahr«. In diesem Jahr sollen die Jubelhörner im ganzen Land erschallen (vgl. Lev 25,9). Doch nach dem Jubel kommt wieder der Alltag. Man kann nicht dauernd jubeln. Leute, die dauernd jubeln, gehen mir auf die Nerven. Jubel braucht Verstetigung, wenn er keine Episode, kein bloßer Hype bleiben soll. Deswegen gibt es Gedenktage und Erinnerungsrituale. Ich könnte mir vorstellen, dass sich die Menschen, die im Sommer 1989 die gute Nachricht vom Balkon der Botschaft in Prag hörten, jährlich treffen, um des Jubelereignisses zu gedenken. Dabei geht es dann ruhiger zu als in jener dramatischen Nacht, als der Jubel nach langen Tagen des Bangens ausbrach. Und doch ist der Jubel da, nur stiller, innerlicher.

Ähnlich ist es in der Begegnung mit dem Evangelium Jesu. Am Anfang steht der große Jubel, danach kommt die Verstetigung, die Verinnerlichung, das Ergriffensein. Gott befreit, weil er liebt. Der äußeren Befreiung entspricht eine innere Befreiung. Das Evangelium befreit auch aus inneren Gefängnissen – aus der Leistungsfrömmigkeit, aus Angst, aus Fatalismus. Die Liebe ist die Essenz des Evangeliums und des Jubels, so dass er immer da ist und jederzeit wieder ausbrechen kann. »Ich lebe im Glauben an den, der mich geliebt und sich für mich hingegeben hat« (Gal 2,20), und zwar täglich.

Seit einiger Zeit wird häufiger von »Evangelisierung« gesprochen. Ich habe mit diesem Wort Schwierigkeiten, weil es im Deutschen den Akkusativ regiert. Es klingt deswegen danach, als könne man einen Menschen, Völker und Kulturen wie Objekte evangelisieren. Man kann aber nicht evangelisieren (oder missionieren, vgl. MISSION), wie man ein Brot backen oder eine Figur kneten kann. Wer meint, dass das eine banale Aussage ist, den weise ich darauf hin, dass genau dies zu allen Zeiten und auch heute von Menschenverführern immer wieder versucht wird: »Ich will, dass der andere Mensch so wird, so denkt, so tickt wie ich. Ich halte es nicht aus, dass andere Menschen anders sind, anders denken und anders ticken als ich. Solange eine Person da ist, die nicht mit mir mitjubelt, kann ich nicht jubeln.« Oft versteckt sich der vereinnahmende Zugriff auf den anderen hinter Signalen der

Fürsorglichkeit, nach dem Motto: »Ich will ja nur das Beste für dich.« Doch am Ende kommen Klone heraus, gleichgeschaltete Jubelmassen.

Klar, das Wort »evangelisieren« stammt aus der Schrift. Lukas übernimmt es von Jesaja. Die deutsche Übersetzung lautet richtig: »(den Armen) eine frohe Botschaft verkünden« (Lk 4,16). Im Deutschen lässt sich das Original nicht wörtlich nachmachen. Die gemeinte Sache ist klar, siehe Sommer 1989, Balkon der deutschen Botschaft in Prag: »Ihr könnt ausreisen.«

In der Sprache der Schrift nennt man Leute, die eine frohe Botschaft zu verkünden haben, Freudenboten. Die evangelisierende Person ist »Freudenbote«. Sie hat den Auftrag, eine gute Nachricht zu verkünden: »Steig auf einen hohen Berg, Zion, du Botin der Freude!« (Jes 40,9). Ich stelle mir das unglaublich schön vor, Freudenbote sein zu dürfen. Der Freudenbote oder die Freudenbotin sind erfüllt von der Freude, die sie mitteilen dürfen. Sie steigen auf den hohen Berg in der Vorfreude auf die Freude, die ihre Botschaft bei den Hörenden auslösen wird. Sie dürfen das Wort aussprechen, dass die Angst, das Zittern und Bangen, die Traurigkeit und Müdigkeit zum Jubel befreit. Wenn das »evangelisieren« ist, dann wäre ich gern jeden Tag Freudenbote.

Das Beethoven-Violinkonzert

Warum Ewigkeit immer da ist

Manchmal stelle ich mir vor, ich würde nicht sterben, sondern ewig weiterleben. Für mich ist das eine schreckliche Vorstellung. Aus vielen Gründen. Der Tod erscheint mir unter dieser Rücksicht als eine Gnade. Ich bin froh, dass es ihn gibt. Ich will kein zur Unsterblichkeit verdammter Gott sein, so wie Zeus, Hera und die anderen Götter. Ich will die Todesgrenze gar nicht überwinden, ich will den Tod nicht besiegen. Ich wünsche mir einen gnädigen Tod nach einem erfüllten Leben, aber ich wünsche mir nicht, nicht zu sterben. Unsterblich zu sein ist für mich ein Alptraum.

Es gibt Leute, die tatsächlich daran arbeiten, den Tod zu besiegen. In den Bio-Wissenschaften schlummert eine Fortschrittsutopie von einem neuen Menschen, einem »Homo Deus«, der den alten sterblichen Menschen überwindet.[25] Mit Hilfe von genialen Apparaten, Techniken und Algorithmen könnte der Mensch fähig sein, die Todesgrenze zu überwinden oder doch ganz erheblich zu verschieben. Solche Visionen sind, philosophisch gesehen, sehr voraussetzungsreich. Darüber kann man lange diskutieren,

25 Viele Einblicke dazu gewährt der aktuelle Bestseller von Yuval Noah Harari, Homo Deus. Eine Geschichte von Morgen, München 2017: »Die siegreichen liberalen Ideale drängen die Menschheit nun dazu, nach Unsterblichkeit, Glück und Göttlichkeit zu streben« (S. 374).

ähnlich wie über das Schiff des Theseus.[26] Mir helfen diese Vorstellungen aber auch im Sinne einer »Höllenbetrachtung«.[27] Der unsterbliche Mensch, das ist für mich die Hölle. Da werde ich, je länger ich diese Hölle betrachte, dankbar für meine Sterblichkeit. Ich begreife besser, warum mich eigentlich schon immer alle Projektionen von »ewigem Leben« aus der Perspektive meines irdischen Lebens nicht überzeugten, sondern kalt ließen oder gar abschreckten: ewig Halleluja singende Bayern im Himmel, von Jungfrauen umgebene Männer im Paradies, und so weiter. Schrecklich.

In der Theologie wird zwischen Ewigkeit und Unsterblichkeit unterschieden. Die Götter sind unsterblich, aber nicht ewig. Es gab eine Zeit vor den Göttern, in der sie noch nicht gezeugt waren. Ewig hingegen ist Gott, weil er der Zeit gänzlich enthoben ist. Er ist »vor« Raum und Zeit. Gott ist ganz anders als die Götter. Er ist gerade nicht wie die anderen Götter »unsterblich«, nachdem er irgendwo irgendwie entstanden ist. Ewigkeit ist meinen Vorstellungen genauso entzogen wie Gott selbst. Die Ewigkeit ist kein Feind des Todes, jedenfalls nicht jenes gnädigen Todes, den ich als Ausdruck der Menschenfreundlichkeit Gottes ansehe.

Die Ewigkeit wird – wenn schon, denn schon – nicht nach dem Tod, sondern in der Zeit erlebt, jedenfalls ein Zipfel von ihr. Es

26 In der Philosophie als Beispiel für das Problem der Identität diskutiert: Das Schiff, mit dem Theseus in mythischen Urzeiten segelte, wurde von den Athenern aufbewahrt. Im Laufe der Zeit wurden alle Planken durch neue Planken ersetzt. Ist das Schiff noch dasselbe geblieben oder ist es ein anderes geworden?

27 Vgl. Ignatius von Loyola, Geistliche Übungen, Nr. 65–71, Leipzig 1978, S. 43ff.

gibt Momente, in denen die Zeit stillsteht. Das sind die Einbruchsstellen der Ewigkeit in die Zeit. »Der Augenblick ist mein, und nehm' ich den in acht, so ist der mein, der Jahr und Ewigkeit gemacht«, schreibt Andreas Gryphius. Als Abiturient hörte ich 1973 in der Bonner Beethovenhalle das Violinkonzert von Beethoven, gespielt von Itzhak Perlman. Seitdem habe ich es im Ohr und möchte auch gar keine andere Aufführung oder Interpretation mehr anhören. Der Augenblick in der Beethovenhalle, als die Zeit für mich stillstand, bleibt, auch wenn die Zeit inzwischen erheblich weitergegangen ist. Jedes Mal, wenn ich in diesen vergangenen und doch nicht vergangenen Augenblick hineinhöre, ergreift mich eine große Dankbarkeit dafür, dass es eine so schöne Musik gibt, dass sie so ergreifend gespielt werden kann und dass solch ein überwältigender Augenblick der Erhebung aus der Zeit heraus möglich ist.

Ich könnte noch weitere Beispiele für solche Augenblicke nennen. Jede tiefe Liebe kennt sie. Wenn ich an die Ewigkeit denke, denke ich an solche Augenblicke. Phantasien oder gar Projekte der Unsterblichkeit hingegen lassen mich kalt. Ich freue mich darüber, dass ich ein sterblicher Mensch bin.

Das kieselharte Gesicht

Warum der Kampf gegen den Feind ein geistiger Kampf ist

»Ich habe keine Feinde«, sagte mir kürzlich ein Bekannter. »Du Glücklicher«, dachte ich. »Ich habe welche.« Ich unterscheide dabei zwischen offenen Feindschaften und verdeckten Feindschaften. Mit offenen Feindschaften kann ich relativ gut leben. Wenn ich eine Hass-Mail bekomme, drücke ich sie einfach weg. Wenn ich öffentlich angefeindet werde, wenn und weil ich mich für eine gute Sache eingesetzt habe, nehme ich das als Kompliment. Wenn jemand den Kontakt zu mir abbricht, hilft mir immerhin die Klarheit des Bruchs, um damit zu leben. Wenn ich verleumdet werde, kann ich das aushalten, weil ich weiß, dass die Wahrheit eine andere ist.

Mein Problem sind die verdeckten Feindschaften. Sie können mich zermürben, weil sie sich nicht offen klären lassen. Sie können sich über Monate und Jahre erstrecken. Die verdeckten Feinde wissen nicht immer, dass sie meine Feinde sind, oder genauer gesagt, sie wissen nicht, wie sehr sie mich anstrengen; dass ich zum Beispiel jedes Mal, wenn ich mit ihnen zu tun habe, einen Brechimpuls unterdrücken muss. Oder umgekehrt: Sie tun freundlich, wissen dabei nicht, dass ich weiß, dass sie im Hintergrund gegen mich Stimmung machen. Sie sind in Situationen und Konstellationen anwesend, denen ich mich nicht entziehen kann, und von denen ich zugleich weiß, dass es – jedenfalls jetzt – keinen Zweck hat, den Konflikt offen anzusprechen. Ich habe es vielleicht einmal versucht, aber es hat nichts bewirkt. Ich tue es deswegen nicht, weil ich sicher weiß, dass er oder sie es nicht verstehen wird; dass sie meine Mitteilung bloß als Vorwurf auffassen werden oder dass sie vielleicht sogar triumphieren, wie Vampire, die endlich das Blut kriegen, an dem sie sich laben können – weil sie schließlich durch meine Reaktion Bedeutung erhalten, mehr Bedeutung, als ihnen zusteht.

Solche Menschen sind mir aufgegeben, aufgeladen, zugemutet. Eigentlich möchte ich nicht, dass sie eine so große Bedeutung in meinem Leben haben. Andererseits wache ich morgens auf und denke an sie. Ich ärgere mich über mich, dass sie mich bis in die Ferien hinein in meinen Tagträumen verfolgen. Das zieht Kraft ab, viel Kraft, die ich lieber für sinnvollere Dinge einsetzen würde.

Ich spreche mit meinem Supervisor. Er fragt mich: »Warum geben Sie diesem Menschen so viel Macht über sich?« Ist das Ganze also mein Problem? Eine Gruppe von Eltern intrigiert hinter meinem Rücken gegen mich als Klassenlehrer; trotzdem muss ich ein freundliches Gesicht bewahren, da ich von diesen Intrigen offiziell nichts weiß. Das strengt an. Ich stehe als Angeklagter vor einer gerichtlichen Auseinandersetzung mit meinem Geschäftspartner; einerseits weiß ich, dass die Anklage unberechtigt ist, andererseits kann es sein, dass das Gericht es anders sieht; ich muss jedenfalls die Form wahren; schon mehrere Monate vor dem Gerichtstermin strengt mich die Aussicht auf den Termin an. Besonders anstrengend sind für mich diejenigen Feinde, die auch noch dumm dazu sind: Elefanten, die durch den Porzellanladen laufen und nicht merken, was sie zertrümmern. Wenn man ihnen einen Klapps auf den Hintern gibt, dann schreien sie, als würden sie am Spieß gebraten – und machen weiter. Sie begreifen nichts. Sie sind immer im Recht. Sie sind immer Opfer. Ich bin immer der Böse. Es mag sein, dass das alles auch ein bisschen »mein Problem« ist. Aber trotzdem halte ich daran fest, dass der Begriff »Feind« nicht nur auf meinen Projektionen beruht. Feindesliebe besteht nicht darin, die Schuld immer nur bei sich selbst zu suchen und sich einzureden, der Feind sei eigentlich gar kein Feind.

Im Umgang mit den Feinden geht es darum, in einen geistigen Kampf einzutreten. Das Christentum ist eine Religion des Kampfes. Das Leben Jesu besteht nicht aus Konfliktvermeidung im Namen einer religiös überhöhten Idee von Harmonie. Jesus nimmt Konfliktsituationen an, wenn es dran ist. Konflikte sind die enge Tür, durch die man gehen muss, wenn man im Land des Friedens ankommen will, der auf Gerechtigkeit basiert. Es geht um einen gewaltfreien Kampf, der vor allem auch ein innerer Kampf ist, ein stummer geistiger Kampf.

Feindesliebe besteht – so steht es in der Bergpredigt – darin, dem Feind, der mir auf die eine Wange schlägt, die andere Wange hinzuhalten. Das bedeutet nicht, dass ich den Feind bitte: »Schlag mich weiter!«, sondern vielmehr: »Ich entziehe mich dir nicht.« Man könnte auch sagen: »Ich stelle mich dir entgegen, allerdings nicht auf dem von dir praktizierten Niveau.« Dazu ist es wichtig, das eigene Gesicht »hart wie Kiesel« (Jes 50,7) zu machen, also das Gefühl für die eigene Würde nicht zu verlieren und sich auch im Moment der Begegnung mit Hass, Intrige oder Misstrauen nicht davon anstecken zu lassen. »Meinen Hass bekommt ihr nicht«, schrieb der französische Journalist Antoine Leiris an die islamistischen Komplizen der Mörder seiner Frau.

Nichts kränkt den Feind mehr als gewaltfreier Widerstand, der ihm keine Macht über mein Fühlen und Handeln gibt. Auch das kann allerdings missverstanden werden. Es geht nicht darum, den Feind durch äußerliche Gleichgültigkeit zu kränken. Dann wäre ich schon wieder in der Logik der Vergeltung. Es geht um Überlassen. Das ist die Stelle, an der Glaube einsetzt: Gott wird den Feind besiegen, auf seine Weise. Ich muss es ihm überlassen. »Er hat uns errettet vor unseren Feinden und aus der Hand aller, die uns hassen« (Lk 1,71). So singt Zacharias schließlich. Ich werde mich eines Tages mit meinem kleinen Lobpreis neben den großen Lobpreis von Zacharias stellen.

Der Kampf um Redeanteile

Warum Gehorsam von Hören kommt

Hören hat Vorrang vor Sprechen. Das mache ich mir besonders dann bewusst, wenn ich in Gesellschaften bin, in denen viel geplaudert und geredet wird. Oft ist es dabei so, dass die Anwesenden einander nicht zuhören, sondern die Gesprächsbeiträge der anderen zum Anlass nehmen, selbst zu reden. Die Redebeiträge haben dann meist nichts oder nur wenig miteinander zu tun. Sie knüpfen meinst an mit einem »Ja, genau, etwas ganz Ähnliches habe ich auch erlebt!« – und kommen dann gleich ganz anderswo heraus, das nichts mit dem zu tun hat, was der oder die andere vorher gesagt hat, außer vielleicht einer zufälligen Assoziation, die die Tür zum eigenen Redefluss öffnet. Konrad Beikircher hat dafür den schönen Begriff des »rheinischen Apropos« erfunden: Ich greife ein Stichwort meines Vorredners mit einem vorgelagerten »apropos« auf und sage dann etwas völlig anderes.

Ganz extrem geht es so bei den allermeisten Talkshows zu. Die Redebeiträge der einen sind für die anderen bloß der Anlass, das zu sagen, was sie ohnehin sagen wollen. Da kommt es nicht mehr auf das Hören an, sondern nur auf das Sprechen, auf das Übertönen. Wer die höchsten Redeanteile hat, der hat gewonnen.

»Gehorsam« kommt von Hören, Gehorchen von Horchen. »Gott der Herr gab mir die Zunge von Schülern, damit ich die Müden stärke durch ein aufmunterndes Wort. Jeden Morgen weckt er mein Ohr, damit ich höre, wie Schüler hören. Gott der Herr hat mir das Ohr geöffnet …« (Jes 50,4f). Vor dem Sprechen kommt das Hören. Gehorsam sein bedeutet also zunächst einmal: dem Hören den Vorrang geben, durch das Hören anwesend sein; hinhören; dabei dem inneren Impuls widerstehen, jetzt auch mal etwas sagen zu wollen; immer schon meinen zu verstehen, was der andere denkt und sagt; belehren wollen.

Zum gehorsamen Hören gehört als zweites Element: mit Wohlwollen zuhören. Das ist nicht immer leicht, zum Beispiel dann, wenn man sich durch das, was man hört, in die Defensive gedrängt fühlt. Aber gehorsames Hören lässt sich nicht beirren. Es horcht hin: Was will der oder die andere mir sagen? Was höre ich? Wo stoße ich auf etwas Neues?

Und schließlich kommt ein drittes Element hinzu: Ich beantworte die Frage an mich erst dann, wenn sie mir gestellt wird. Einmal saß ich selbst in einer Talkshow. Um mich der Logik des Kampfes um Redeanteile zu entziehen, hatte ich mir zwei Vorsätze gefasst. Erstens: Ich rede nur, wenn ich gefragt werde. Zweitens: Ich antworte nur auf das, wonach ich gefragt werde. Alles Weitere ergibt sich.

Es kam, wie es kommen musste. Am Anfang bekam ich eine Frage gestellt, die ich kurz beantwortete. Dann saß ich eine gefühlte halbe Stunde zuhörend da und kämpfte dabei mit meinen inneren Stimmen, die mich zum Einstieg in den Kampf um Redezeiten zu locken versuchten: »Dich nimmt hier niemand wahr. Du kommst hier eigentlich gar nicht vor.« »Den Quatsch, den der da gerade gesagt hat, kannst du noch nicht stehen lassen.« Und so weiter. Erst nach längerer Zeit spielte mir die Regie wieder eine Frage zu. Ich hatte das Gefühl, dass ihr gerade aufgefallen war, dass ich mal wieder in das Gespräch hineingeholt werden sollte. Wie dem auch sei. Am Ende erhielt ich ein Lob, das meiner

Selbstwahrnehmung nicht entsprach: Ich sei in dem Gespräch so präsent gewesen, man hätte gern noch mehr von mir gehört.

Der Begriff des Gehorsams wird vor allem auf Verhältnisse zwischen Oberen und Untergebenen bezogen. Ich halte das für eine Engführung. Jesus war keineswegs ein gegenüber den religiösen und politischen Oberen seiner Zeit gehorsamer Mensch, sofern man unter Gehorsam bloß den Akt der Unterordnung versteht. Er war dem Willen des Vaters im Himmel im umfassenden Sinne des Wortes gehorsam – hörend und (oft genug nach innerem Ringen) zustimmend, und das zeigte sich dann manchmal auch darin, dass er gegenüber den Autoritäten seiner Zeit ungehorsam war. Gelegentlich war er ihnen gegenüber auch in einem engeren Sinne gehorsam, aber dann doch wieder auf eine sehr souveräne Art. So zahlte er zum Beispiel, »um keinen Anstoß zu erregen«, die Tempelsteuer, obwohl er seinen Jüngern ausdrücklich sagte, dass er und sie auch frei seien, sie nicht zu bezahlen. Jesus verstand sich nämlich als »Sohn«, und Söhne (oder Töchter) seien, so Jesus, frei von der Pflicht, die Tempelsteuer zu zahlen (vgl. Mt 17,24.27). Jesus ordnete sich also freiwillig unter. An anderer Stelle anerkannte er zwar die religiöse Autorität der Pharisäer und Schriftgelehrten, weil sie auf dem »Stuhl des Mose« sitzen (Mt 23,3). Das hinderte ihn aber nicht daran, sie heftig zu kritisieren. Das macht deutlich, dass er die Autorität des religiösen Führungspersonals freiwillig anerkannte, nicht gezwungenermaßen, zähneknirschend. Gehorchen kann man nur freiwillig.

Niemand kann also zu Gehorsam gezwungen werden. Das gilt auch für Gehorsams-Verhältnisse zwischen Oberen und Untergebenen. Erzwungener Gehorsam ist sinnlos. Natürlich kann und wird ein Mitarbeiter der Anweisung eines Vorgesetzten auch deswegen folgen wollen, weil es sich um eine Anweisung der zuständigen Autorität handelt. Darin besteht ja die Anerkennung der vorgesetzten Autorität als Autorität. Aber solcher Gehorsam setzt eine innere, freiwillig zustandegekommene Übereinstimmung zwischen den Beteiligten voraus, das Ja zu einem gemeinsamen Anliegen, die Zustimmung zu der institutionellen Struktur, in der die gegenseitigen Loyalitätspflichten zugesagt worden sind. Wenn diese Voraussetzungen nicht gegeben sind, geht es nur noch um die Frage, wer sich durchsetzt, um Macht und Ohnmacht also, nicht mehr um inhaltliche Anliegen und Ziele.

Auch Vorgesetzten empfiehlt es sich, gehorsam zu sein. Die wichtigste Aufgabe von Vorgesetzten ist nämlich das Hören. Der Fisch stinkt ja meistens von Kopf her. Wenn die vorgesetzte Autorität nicht hört, nicht hören kann, nicht hören will, hört am Ende im ganzen Betrieb, in der ganzen Gemeinde, in der ganzen Kirche kaum jemand mehr den anderen zu. Stattdessen reden alle hinter dem Rücken der anderen übereinander oder gegeneinander – zum Schaden des Ganzen hat dann das Reden Vorrang vor dem Hören.

Die abgesagte Kursfahrt

Warum Gerechtigkeit mehr ist als Almosen verteilen

Im bekannten Gleichnis vom barmherzigen Samariter (Lk 10,29–37) wird erzählt, wie zwei Leviten an einem Menschen vorbeigehen, der unter die Räuber gefallen ist und am Wegesrand liegt. Sie sehen ihn und gehen weiter. Erst der Dritte, ein Mann aus Samarien, bleibt stehen: »Er sah ihn und hatte Mitleid mit ihm.« Was ist geschehen? Ist es Zufall, dass die einen sehen und vorbeigehen, während der andere sieht und stehen bleibt? Haben die Leviten überhaupt »gesehen«, oder haben sie zwar gesehen, aber eigentlich gar nicht gesehen? Was haben sie übersehen? Wodurch kommt es, dass sie übersehen haben? Hatten sie wichtigere Termine in Jericho? Waren sie in Gedanken mit etwas anderem beschäftigt? Fühlten sie sich nicht zuständig?

Ich erinnere mich an einen Konflikt in der Schule. Die Lehrer-Gesamtkonferenz hatte den erlaubten Maximalpreis für Kursfahrten der Oberstufe erheblich erhöht. Grund für die Erhöhung waren die gestiegenen Fahrt- und Unterkunftskosten. Da an Jesuitenschulen das Prinzip gilt, dass die Teilnahme an Schulveranstaltungen nicht am Geldbeutel der Eltern scheitern darf, öffneten wir (die Kollegleitung) den Sozialfonds des Kollegs für Ermäßigungsanträge. Für die Ermöglichung der Teilnahme an den Kursfahrten ergab sich aus den eingehenden Anträgen schließlich ein Gesamtbetrag von mehreren tausend Euro. Wir zahlten das Geld aus und teilten dem Kollegium mit, dass wir den Sozialfonds für die nächsten Kursfahrten im kommenden Schuljahr schließen würden, da der Zuschussbetrag den Fonds zu stark belaste. Daraus ergab sich, dass Kursfahrten im kommenden Schuljahr nicht stattfinden konnten, da das Prinzip nicht mehr garantiert war, dass die Teilnahme an der Kursfahrt nicht am Geldbeutel der Eltern scheitern darf.

Die Empörung über diese Entscheidung war groß, nicht nur bei den Lehrern, die jahrelang mit hohem Engagement Kursfahrten durchführten und keineswegs leichtfertig die Preise erhöht hatten. Auch Proteste aus der Schüler- und Elternschaft trafen ein. Bei einer abendlichen Sitzung der Elternpflegschaft eskalierte die Diskussion. Zunächst wurden alternative Modelle überlegt: Man könne Teile der Erträge des Adventsbasars, bei dem sich dann die Kursfahrtenteilnehmer auch besonders engagieren sollten, für die Kursfahrten verwenden. Wir entgegneten, dass der Ertrag des Adventsbasars wie bisher an unser Straßenkinderprojekt in Moldawien gehen sollte, das einige unserer Schülerinnen und Schüler demnächst besuchen würden. Ein anderer Vorschlag lautete, man könne doch die reicheren Eltern der Kursfahrtenschüler bitten, einen höheren Betrag zu zahlen, um damit diejenigen Eltern zu unterstützen, die nicht so viel zahlen können. Wir wandten ein, dass die ärmeren Elternhäuser sich vielleicht gar nicht gegenüber der Schule als solche zu erkennen geben wollen würden und dass sie vielleicht gar nicht bereit wären, Geld von reicheren Eltern anzunehmen. Wir machten den Gegenvorschlag, dass die Planung der Kursfahrten auf Ziele umsteuern könnte, die nicht so kostspielig sind: Danzig statt Barcelona, Usedom statt Kreta, Wanderung statt Flug. Die Argumente pro und contra wogten hin und her. Schließlich stand ein Schülervater auf und rief uns mit hochrotem Kopf zu: »Sie benachteiligen die Besserverdienenden! Warum muss die Mehrheit derjenigen, die es sich leisten kann, darunter leiden, dass eine Minderheit es sich nicht leisten kann?«

Reiche und Arme koexistieren nicht friedlich miteinander, unter anderem auch deswegen, weil die gegenseitige Wahrnehmung asymmetrisch verschoben ist. Reiche nehmen sich als den Normalfall (»Mehrheit«) gegenüber dem Ausnahmefall des Armen (»Minderheit«) wahr. Dieser blinde Fleck kommt von der Annahme her, dass nur diejenige Armut existiert, die sichtbar ist; wo sie nicht sichtbar ist, existiert sie auch nicht. Armut hat aber mit Scham zu tun; sie zeigt sich nicht ohne weiteres. Reiche gehen letztlich davon aus, dass Arme in dem Raum gar nicht anwesend sind, wenn sie von der »Minderheit« sprechen. Arme zeigen sich ja nicht als Arme. Aber vielleicht ist ja sogar die Mehrheit in dem Raum arm und tut nur alles, um es den anderen und auch den eigenen Kindern nicht zu zeigen.

Der Reiche steckt des Weiteren in einem irregeleiteten Anspruchsdenken fest: »Weil ich es mir leisten kann, habe ich auch einen Anspruch darauf.« Ich muss nach Kreta fliegen dürfen, statt mich mit Usedom begnügen zu müssen, denn meine Eltern haben Geld. Die Reichen »prassen« im Vollgefühl des Reichtums: Ich darf mich breitmachen, weil ich reich bin. Wenn ich es nicht darf, bin ich das Opfer: »Sie benachteiligen die Reichen!«

Reiche denken oft: »Ich tu doch mit meinem Reichtum niemandem weh.« Sie sehen nicht, dass ihr Handeln in einem Kontext steht. Der Reiche besteht für seine Kinder auf Kreta statt Usedom. Seine Kinder ziehen während der Fahrt reichliches Taschengeld aus der Tasche und achten nicht auf die Mitschüler, die die Fahrt zusammen mit ihren Eltern auf Kante kalkulieren mussten. Der

Reiche verhöhnt den Armen, ohne zu merken, dass er verhöhnt. Er macht sich vor den Augen der Armen breit, ohne zu merken, dass er sich vor den Augen der Armen breitmacht. Wenn er es doch merkt, dann wischt er den lästigen Moment des Sehens weg, notfalls indem er den Armen gleich mit wegwischt.

Mancher Reiche denkt tief innen drin: »Es ist gut, dass ich reich bin.« Reichtum bejaht die existierenden Verhältnisse. Ein Leiden an den Verhältnissen, wie sie sind, kennt er nicht oder nur in Form von lästigen Depressionsgefühlen nach einem Blick auf die Elendsbilder in den Abendnachrichten. Ansonsten lautet bei ihm die Einschätzung: »Es ist gerecht, dass ich reich bin. Ich bin reich, weil ich es mir verdient habe.« Reiche verstehen sich deswegen auch oft als Leistungseliten – ein Fehlschluss und zugleich eine mächtig wirksame Illusion. Gewiss gibt es Vermögende, die ihr Geld durch saure Arbeit ehrlich verdient haben.[28] Daraus folgt aber nicht, dass die Arbeit, mit der der Tagelöhner jeden Tag um sein Überleben kämpft, weniger sauer verdient wäre. Das Gefühl, man sei verdienterweise reich, kann sich auch schnell gegen die Armen kehren: »Die Armen sind deswegen arm, weil sie nichts leisten. Es ist gerecht, dass die Armen arm sind.« Die Armen werden zu Faulenzern, wo es sich doch gerade meist umgekehrt verhält. »Das Fest der Faulenzer …« (Am 6,7) ist das Fest der Reichen, nicht der Armen.

28 Obwohl auch hier schon zu bedenken wäre, dass allein die Tatsache ihrer Leistungsfähigkeit nicht etwas ist, was sie sich verdient haben, sondern was ihnen geschenkt wurde im Unterschied zu anderen …

In der asymmetrischen Wahrnehmung von Armen und Reichen liegt ein erhebliches Gewaltpotential, das aus der Ungerechtigkeit kommt und zugleich jederzeit eskalieren kann. Ungerechtigkeit besteht nicht bloß in der sichtbaren Differenz zwischen Armen und Reichen, zwischen Nord und Süd, zwischen armen und reichen Ländern. Hinter der sichtbaren Differenz verstecken sich gewaltproduktive Machtverhältnisse: Verweigerung von Teilhabe an den Gütern der Schöpfung, Ausbeutung und Ausstoßung, Krieg. Gerechtigkeit besteht nicht nur darin, Reste, die auf den Tischen der Reichen liegen, als Almosen herunterzureichen, sondern wirklich abzugeben, zu teilen, so wie es der barmherzige Samariter im oben genannten Gleichnis tut: Er tut mehr als das Nötige. Das ist Gerechtigkeit.

Verletztes Vertrauen

Warum ohne Glauben nichts geht

»Glauben« ist ein doppeldeutiges Wort. Es kann meinen: »Nicht sicher wissen, sondern bloß glauben«, im Sinne von: »Ich glaube, der Zug fährt um 12.00 Uhr ab, aber ich weiß es nicht sicher. Schau zur Sicherheit auf dem Fahrplan nach!« Oder es bedeutet »vertrauen«. Dann bezeichnet es auch ein sicheres Wissen, nur auf einer anderen Ebene als derjenigen bloßer Aussagen über Fakten: »Ich weiß, dass meine Eltern mir die Tür öffnen, wenn ich anklopfe.« Mit diesem Glauben kehrt der verlorene Sohn um zum barmherzigen Vater. Er täuscht sich nicht, denn der steht schon an der Tür und hält nach ihm Ausschau (vgl. Lk 15).

Glauben im Sinne von Vertrauen ist ein verletzbares Gut. Verletztes, missbrauchtes Vertrauen ist eine Wunde, aus der ein Leben lang Eiter fließen kann. Das gilt ganz besonders für Verletzungen in Beziehungen, deren Grundlage von Anfang an und unausweichlich ein einseitig gegebenes Vertrauen war und gar nicht anders sein konnte: Kinder vertrauen ihren Eltern, Patienten ihren Ärzten, Seelen ihren Seelsorgern. Ohne Vertrauen geht da nichts. Umso schlimmer, wenn es von Eltern, Ärzten, Seelsorgern missbraucht wird und niemand da ist, der schützt und hilft. Aber auch in anderen Vertrauensbeziehungen wie Freundschaften, Ehen oder kollegialen Verhältnissen ist Vertrauensbruch der worst case.

Die Alternative zu Vertrauen ist Misstrauen. Wessen Vertrauen missbraucht wurde, der hat Grund zu Misstrauen – je gewichtiger der Vertrauensbruch, umso mehr. Wer misstraut, traut dem anderen Schlimmes zu. Das führt zu Angst, im schlimmsten Fall zu einer Grundhaltung der Defensive, die sich auf das Leben als Ganzes übertragen kann. Je mehr das Misstrauen den Blick auf die Welt und die Mitmenschen beherrscht, desto mehr verwandeln sich diese zu potentiellen Bedrohungen, zu Monstern. Das gilt auch für die Perspektive auf Gott. Martin Luther kämpfte diesen kräfteraubenden inneren Kampf mit dem Monstergott, vor ihm Paulus, und viele andere davor und danach bis zum heutigen Tag. Am Tiefpunkt des Absturzes in das Misstrauen steht der Hass. Wer von Monstern bedroht wird, muss sich entweder den Monstern unterwerfen oder sie vernichten oder beides zugleich, in aller Ambivalenz. Hass ist zwanghaft. Hass ist die zerstörerische und zugleich selbstzerstörerische Energie, die aus dem Misstrauen wächst, das seinerseits aus den biographischen Wunden von einzelnen Menschen ebenso wie aus denen von ganzen Völkern stammt.

Wie nebenbei spricht Paulus an einer Stelle von der »pístis theou« (Röm 3,3). »Pístis« ist das griechische Wort für »Glauben« im Sinne von Vertrauen. Der Ausdruck in Röm 3,3 wird gemeinhin mit »Treue Gottes« übersetzt. Für mich schwingt aber auch der Begriff »Vertrauen« mit, oder auch ganz einfach: »Trauen«.[29] Ein vertrauender, trauender, »glaubender« Gott ist zunächst eine seltsame Vorstellung, da wir gewohnt sind, zu denken, dass Gott Objekt unseres Glaubens ist und nicht etwa selbst Subjekt eines eigenen Glaubensvollzuges. Das eine wird zwar nicht falsch durch das andere. Aber: An welchen Gott glauben wir Christen denn,

29 Norbert Baumert, Der Weg des Trauens, Würzburg 2009.

wenn wir an Gott glauben? Wir glauben doch an Gott, der an uns glaubt – der mehr von uns hält als wir von uns selbst. Gott schenkt sein Vertrauen in eine von Misstrauen beherrschte Welt – am deutlichsten dadurch, dass er sein eigenes Leben, sein geliebtes Kind in die Hände von Menschen gibt. Er traut der Menschheit zu und vertraut darauf, dass das Kind und damit auch sein Vertrauen angenommen werden. Ich verstehe das als eine Kurzformel für das christliche Glaubensbekenntnis.

In Systemen aller Art, ob Betrieb, Schule, Verein oder Kirche, wird verlorenes Vertrauen letztlich nicht durch Präventions- und Kontrollmaßnahmen wiederhergestellt, sondern durch neues Vertrauen. Vertrauen neu zu schenken erfordert Mut, gerade im Blick auf die Vorgeschichte des verletzten oder gar verlorenen Vertrauens. Ich urteile nicht über Menschen, die diesen Schritt nicht schaffen. Umso erfreulicher ist es, auf das Verhältnis Gottes zur Menschheit zu blicken, wie der christliche Glaube es sieht und bekennt: Die Sünde ist Vertrauensmissbrauch. Mit ihr verstrickt sich die Menschheit in eine Haltung der ängstlichen Defensive voreinander und vor Gott. Das neu geschenkte Vertrauen vom Himmel her ist der zweite Schöpfungsakt, die Erneuerung der Menschheit, die aus eigenen Kräften gar nicht mehr aus dem Kreislauf des Misstrauens herauskommt. Genau dies, das vom Himmel her kommende neue Vertrauen, hat heilende Wirkung. Es heilt vom Zwang zum Misstrauen. Gott traut dem Menschen zu, neu vertrauen zu können. Er setzt darauf, dass die Menschen in dem wehrlosen Kind keine potentielle Bedrohung sehen, sondern die Einladung zu neuem Vertrauen, zu neuem Leben, zu einer Beziehung auf der Basis von Glauben.

Ende der Ausgrenzung

Warum Heiden keine Ungläubigen sind

Ich begreife nicht, warum das griechische Wort *tà éthné* (lateinisch: *gentes*) immer noch und immer wieder mit »Heiden« übersetzt wird.[30] Es bedeutet doch einfach nur »Völker«, und zwar »Völker« im Unterschied zu dem einen »Volk« (griech.: *laos*), dem auserwählten Volk: dem jüdischen Volk. Man könnte also »Heiden« auch mit »Nichtjuden« übersetzen.

Der Sprengsatz in der Botschaft der Urkirche lautete: Es kommt nicht mehr darauf an, ob einer Jude oder Grieche (also: »Heide«, Nichtjude) ist, Sklave oder Freier, männlich oder weiblich, denn alle sind in Christus eins« (Gal 3,28). Man versteht den Sprengsatz in dieser Aussage überhaupt nicht, wenn man mit Heiden »Ungläubige« assoziiert, die nichts vom Gott Abrahams und Vater Jesu wissen und deswegen »missioniert« werden sollen (vgl. Mission), oder mit heutigen Menschen, die religionslos leben, weil sie in der der dritten oder vierten Generation frei von jeglichen religiösen Kenntnissen sind – ich denke da an Menschen wie an jenen Vater mit seinem kleinen Sohn, deren Gespräch ich einmal unfreiwillig belauschte, als ich an einem Werktag still in einer Kirche saß: Der Sohn fragte den Vater: »Papa, wer ist denn der Mann

30 Erfreulicherweise übersetzt die neue Einheitsübersetzung an einigen Stellen inzwischen mit »Nichtjuden« oder eben auch mit »Völkern«, z. B. Röm 1,5. Vielleicht hätte man das auch an anderen Stellen durchhalten sollen, z. B. da, wie Jesus den Jüngern aufträgt, nicht zu den »Völkern« zu gehen, vgl. Mt 10,5.

da am Kreuz?«, worauf der Vater antwortete: »Das weiß ich leider auch nicht.«

Wie gesagt: Solche Menschen sind mit dem Wort *tà éthné* gerade nicht gemeint. Die Griechen, Römer, Perser und Kappadokier, denen die ersten (jüdischen) Christen begegneten, werden in der Apostelgeschichte ganz oft auch als »Gottesfürchtige« bezeichnet. Sie waren keineswegs »Ungläubige«, sondern gläubige Griechen, Römer und Kappadokier. Sie glaubten – im Unterschied zu vielen ihrer Landsleute – an den Gott Abrahams und sehnten sich nach größerer Nähe zum Allerheiligsten im Jerusalemer Tempel. Diese Nähe wurde ihnen allerdings verwehrt. Ebenso wenig waren die syrische Frau oder der Hauptmann von Kafarnaum »Ungläubige«, im Gegenteil: Jesus bewunderte gerade ihren »Glauben«. Wir müssen also, um das Evangelium zu verstehen, die Gleichung »Heiden sind Ungläubige« aus unseren Köpfen streichen.

Ein genauerer Blick auf den Satz im Galaterbrief zeigt: Paulus setzt Wortpaare zusammen, die jeweils ein faktisch bestehendes Gefälle zum Ausdruck bringen: Juden und Griechen, Sklaven und Freie, männlich und weiblich. Die Pointe der Botschaft lautet, dass »in Christus« – konkret: unter Getauften – das Gefälle bedeutungslos ist. Der Text von Paulus wäre also aktualisierend so fortzuschreiben: Es kommt nicht darauf an, ob einer Kleriker ist oder Laie, hetero oder homo, weiß oder schwarz, adelig oder bürgerlich, Inländer oder Ausländer, einer von uns oder einer von denen, Akademiker oder Handwerker, Chef oder Angestellter, legal oder illegal …

Brisant wird der Satz, wenn man ihn mit dem Ohr derjenigen hört, die in dem Gefälle an der oberen Stelle sind. Sie könnten befürchten, die höhere Position zu verlieren, und sich deswegen gegen diesen Satz und vor allem gegen seine praktischen Konsequenzen stellen. Es waren Juden – genauer: Juden, die Jesus als den Messias bekannten –, die an (dem Juden) Paulus Anstoß nahmen, weil dieser mit Nichtjuden zusammen speiste. Es waren Herren in der christlichen Gemeinde, die Anstoß daran nahmen, dass ihre Sklaven nun auch als Freie gelten sollten. Es waren Männer, die Anstoß daran nahmen, dass sie nun den Frauen keinen Scheidebrief mehr ausstellen dürfen sollten – nicht umgekehrt. Diejenigen, die in dem Gefälle oben sind, nehmen eher Anstoß an der Botschaft von der Bedeutungslosigkeit solcher Asymmetrien als diejenigen, die unten sind. Diese freuen sich eher darüber. Ein neues Selbstbewusstsein erwacht bei ihnen, und im besten Fall begreifen beide Seiten, dass ihnen nichts genommen, sondern viel geschenkt wird, wenn sie umdenken und sich auf diese Botschaft einlassen.

Die Situation ist heute im Vergleich zu Zeiten der Urkirche grundlegend anders. Seit der Spätantike ist die Kirche eine Kirche von »Heiden« mit einem minimal kleinen Anteil an Juden, die sich auch zu Jesus als dem Messias bekennen. Die Asymmetrie zwischen »Juden« und »Heiden« drehte sich um und fand im christlichen Antijudaismus ihren neuen Ausdruck. Um mich an die eigene jesuitische Nase zu fassen: Bis 1925 war es getauften (!) Juden und deren Nachkommen verboten, in den Jesuitenorden einzutreten. Wir »Heiden« haben die Juden zu »Heiden« gemacht, zu Nichtzugehörigen.

Aber solche Ausgrenzungen sind gerade ein Verrat am Evangelium, wie es Paulus in Gal 3,28 formulierte. Plötzlich haben wieder nationale, soziale oder andere Zugehörigkeiten eine Bedeutung, die das Verwehren von Zugehörigkeit legitimiert. Die besondere

Zuwendung zu den »Heiden« heute bedeutet also nicht: Zuwendung zu Nichtgläubigen, um sie zu Gläubigen zu machen, sondern Zuwendung zu denen, denen die Zugehörigkeit bestritten wird. Das wäre dann »Heidenmission« heute.

Die Geduld des Esels

Warum Hoffnung es nicht eilig hat

Die Schwester der Hoffnung ist die Geduld, oder anders gesagt: Die Geduld ist die praktische Seite der Hoffnung.

Der Begriff »Hoffnung« steht in der paulinischen Trias zwischen Glaube und Liebe: »Glaube, Hoffnung, Liebe, diese drei …« (1 Kor 13,13). Charles Péguy[31] stellt die Hoffnung in einer Hymne als kleines Mädchen in die Mitte zwischen ihre beiden großen Schwestern Glaube und Liebe. Sie ist das Stehauf-Mädchen. Ich kenne solche Mädchen, und einige Jungen auch. Sie stolpern, werden zu Boden geworfen, belächelt, nicht beachtet, sie werden verlassen, und doch stehen sie immer wieder auf. Sie nehmen ihre Teddybären und Puppen, die in die Pfütze gefallen sind, unter ihre Arme und gehen weiter, obwohl der Weg schon gleich vorn wieder die nächste Kurve macht, so dass sie nicht sehen können, welche Gefahr sie womöglich dahinter erwartet. So gehen Flüchtlingskinder weiter, oft ohne ihre Eltern oder sogar ihren Eltern voran. Wenn ich sie in den Fernsehberichten über die großen Flüchtlingstrecks der Gegenwart oder auf anderen Bildern sehe, denke ich an Péguys kleines Mädchen Hoffnung. Wer hofft, geht weiter, ohne zu wissen, was als Nächstes kommt. Man kann ja nur auf Unsichtbares hoffen, nicht auf Sichtbares, sagt Paulus sinngemäß (vgl. Röm 8,24).

31 Das Tor zum Geheimnis der Hoffnung, Einsiedeln 1993.

Hoffnungsschwache Menschen erkennt man daran, dass sie es eilig haben oder dass sie stehen bleiben – oder eigentlich an beidem zugleich. Sie machen sich nicht auf einen langen Weg gefasst, und zugleich konzentrieren sie sich nicht auf den nächsten Schritt. Sie verlieren sich zwischen diesen beiden Polen. Denn beides ist in Situationen dran, die die Hoffnung herausfordern: sich keinen Illusionen über die Länge des Wegs hingeben und zugleich nur den nächsten Schritt gehen – den allerdings! Es ist wie im dichten Nebel: Erst wenn man den nächsten Schritt gemacht hat, kann man sehen, welcher nächste Schritt möglich ist, und dies zugleich in der Gewissheit, dass sich die Summe der Schritte zu einem Weg zusammenfügen wird, der sich nicht im Kreis dreht. Das erfordert Geduld.

Einerseits hat die Hoffnung also eine passive Seite: In dem Begriff »Geduld« steckt ja das Wort »dulden«, die Bereitschaft also, etwas Schweres auf sich zu nehmen. Im entsprechenden griechischen Begriff für »Geduld« *(hypomoné)* steckt das Wort »bleiben« *(ménein)*. Hoffen und geduldig sein bedeutet: Drunter bleiben, nicht ausweichen, nicht in Panik losrennen oder resigniert stehen bleiben. Mein Bild für die Geduld ist der Esel: Er trottet mit gesenktem Kopf unter der Last auf seinem Rücken auf den Gipfel des Berges hoch, Schritt für Schritt.

Schritt für Schritt – das ist die aktive Seite der Hoffnung: Sie bleibt nicht stehen, sondern sie geht weiter. Wenn »Glaube« die Basis ist, die Entscheidung für ein Leben aus der Haltung des Vertrauens heraus (siehe Glauben), dann ist »Hoffnung« die Tugend für den Weg, für den langen Weg. Es gibt kein Stehenbleiben und schon gar kein Zurückgehen, denn es gibt ein Ziel. Im Te Deum heißt es: »Auf dich, Herr, habe ich gehofft. Ich werde nicht zuschanden werden.« Man könnte es in Gebetsform auch so formulieren: »Ich lasse mich nicht beirren. Du meinst es gut mit mir. Du fügst alles zum Guten.« Paulus verfällt in hymnische Sprache, wenn er das Ziel beschreibt. Sein Wort dafür ist »Herrlichkeit« oder auch »Glanz«: »Ich bin überzeugt, dass die Leiden der gegenwärtigen Zeit nichts bedeuten im Vergleich zu der Herrlichkeit, die an uns offenbar werden soll« (Röm 8,18). Der Esel hat, so grau und müde er nach außen hin auch wirkt, im inneren Leben die Vorahnung eines großen Festes.

Manche Bestätigung der Hoffnung kann man dann schon auf dem Weg erleben: eine Quelle am Wegesrand für den Durst; einen Weggefährten, der sich für eine Etappe dazugesellt; ein Haus, das den Wanderer freundlich aufnimmt. Solche Erfahrungen bestärken die Hoffnungs-Gewissheit, dass am Ende des langen Weges nicht Abgrund und Leere stehen, sondern ein Ziel, das dem Weg nachträglich Sinn und Glanz verleiht.

Wer Menschen kennenlernen will, die aus der Hoffnung leben, dem empfehle ich, auf die Ausdauernden zu schauen, auf Personen, die im beruflichen Alltag, in der Verantwortung für andere, mit Lebenswunden im Herzen, mit unheilbaren Krankheiten und schweren Schicksalsschlägen leben, und die über lange Strecken weitergehen, ohne zu verbittern. Über sie wundert sich sogar Gott: »Was mich wundert, sagt Gott, das ist die Hoffnung. Da komm ich nicht mit. Diese kleine Hoffnung, die nach gar nichts aussieht. Dieses kleine Mädchen Hoffnung. Unsterblich.«[32]

32 Ebd., S. 10.

Sprechen durch Sein

Was Inkarnation sagt

Manchmal erhalte ich viele Jahre nach der Schulzeit Rückmeldungen von ehemaligen Schülerinnen und Schülern. Dabei stellt sich meist überraschend heraus, dass Worte und Situationen für die Jugendlichen prägend waren, die ich als Lehrer gar nicht mehr in Erinnerung habe und die ich auch gar nicht jemals als wesentlichen Teil der eigenen pädagogischen Bemühungen ansah. Ich war eben mal so, wie ich war, und das wurde sichtbar – es platzte aus mir heraus, zeigte sich in einer unbewussten Geste, einer spontanen Reaktion, einer Formulierung aus dem Bauch heraus. Es hat nach meiner Erfahrung wenig Sinn, irgendetwas, was mich ausmacht, vor Kindern und Jugendlichen verbergen zu wollen. Sie merken ohnehin alles, früher oder später. Sie merken auch, wenn man sich versteckt. Auch das macht dann etwas mit ihnen, bewusst oder unbewusst. Kinder reagieren auf das, was ich bin, nicht auf das, was ich vor ihnen aus mir mache.

In der Menschwerdung zeigt sich Gott in dem, was ihn ausmacht. Er spricht durch sein Mensch-*Sein* – wobei das Wort »sein« zu betonen ist. Er zeigt sich, wie er *ist*. Es geht ihm um mehr als um Sprechen mit dem Ziel der Belehrung. Belehrung, Ermutigung, Warnung darf zwar auch mal gelegentlich sein, aber in der Menschwerdung geht es zunächst um das grundlegendere Sprechen durch Sein, und zwar bei Gott und Mensch. Ich sage mehr über mich durch das, was *ich bin*, als ich es über Worte ausdrücken könnte – und zwar *bin* nicht bloß im Sinne von »existiere«, sondern im gefüllten Sinne das Wortes: In bin das, was mich ausmacht; wen ich wirklich liebe; wen ich wirklich meide; was mich begeistert; was mir weh tut; wofür ich Risiken eingehe und wofür nicht, und so weiter.

Dasselbe gilt auch für Gott. Er spricht mehr durch sein Sein als durch Worte. Er wird nicht Text, sondern Mensch:[33] Ungeschützt, ohne professionelle Distanz. Würde er bloß Mensch werden, um der Menschheit etwas mitzuteilen, so wäre die Wirkung seines Seins abgeschwächt, überlagert von Absichten, taktischen, pädagogischen Überlegungen und Interessen. Es gibt kein kraftvolleres Sprechen als das Sprechen einfach durch Sein – durch das, was ich bin und wie ich bin. Es lässt sich nicht inszenieren. Was ich wirklich zu sagen habe, zeigt sich erst ganz, wenn ich nicht mehr inszeniere.

»Inkarnation« bedeutet allerdings nicht bloß »Menschwerdung«, sondern »Fleischwerdung«. Im Prolog zum Johannesevangelium heißt es: »Und das Wort (Gottes) ist Fleisch geworden« (Joh 1,14). Durch die Wortwahl des Evangelisten kommt eine Bedeutungsnuance zur »Menschwerdung« hinzu: Das Wort Gottes spricht dadurch, dass es Mensch wird, und zwar »Fleisch« wird, also schwacher Mensch. »Geist« ist in der biblischen Sprache der Inbegriff von Kraft, »Fleisch« der Inbegriff von Schwäche. Der Davidssohn im Arm der Mutter und der ans Kreuz genagelte Sohn sind Inbegriffe der »Fleischwerdung«, des Schwachseins, in dem sich Gott in herausragender Weise zeigt, wie er ist.

33 Neuerdings dazu wertvolle Hinweise in Eckhard Nordhofen, Corpora, a. a. O., S. 179–226.

Sich einer anderen Person in Schwäche zu zeigen ist ein Akt von Vertrauen – setzt Vertrauen voraus und schafft Vertrauen. Ein Kind wacht nachts in Alpträumen auf und flüchtet sich in die Arme der Eltern; es zeigt sich seinen Eltern in Angst. Eine Lehrerin, die geduldig auf Reaktionen ihrer Schüler wartet, schenkt den Schülern Vertrauen. Ein Vorleser, der seine Rührung über die Schönheit eines Gedichtes durch Tränen zeigt, die in seinen Augen schimmern, zeigt eine Schwäche, eine Ergriffenheit, die ihn schutzlos macht; er zeigt eine Seite von sich, die durch einen dummen Schülerkommentar leicht verletzt werden kann. Das größte Vertrauen zeige ich der Person, die ich liebe, indem ich ihr meine Liebe zeige.

Liebe ist die stärkste Schwäche, die es gibt. Als Ersten besiegt sie mich selbst. Ich entscheide mich schließlich nicht dafür, diese oder jene Person zu lieben, sondern die Liebe zu dieser oder jener Person ergreift mich. Meine Entscheidung kommt bei der Frage ins Spiel, wie ich mich zu diesem Ergriffensein verhalte. Auch die Inkarnation des Wortes Gottes stelle ich mir nicht einfach als souveräne Entscheidung Gottes vor, die Menschheit zu lieben. Vielmehr kapituliert er vor seiner Liebe; sagt Ja zu ihr, indem er sie der geliebten Menschheit zeigt. Dadurch sagt er zugleich unendlich viel mehr, als wenn er seine Liebe durch viele Worte vermitteln würde.

Schwarz-rot-goldene Kreuze

Wie Inkulturation missverstanden werden kann

Ein pensionierter Arzt mailt mir immer wieder ungefragt Artikel und Interviews zu, die er gut findet. Kürzlich schickte er mir einen Zeitungsausschnitt, die Wiedergabe eines Interviews, das ihn als ehemaligen Katholiken offensichtlich angesprochen hatte. Denn darin kommt ein anderer ehemaliger Katholik zu Wort, der pünktlich zum 500. Jubiläumsjahr der Reformation eine Luther-Biographie herausgebracht hat. In dem Interview steht viel dummes Zeug.[34] Interessant wird es an der Stelle, wo es um ihn selbst geht:

> »*Sie wären also lieber Protestant gewesen?*
> Niemals! Die wahre Religion ist die katholische! … Ich bin der klassische entlaufene Katholik. Als ich nach Hamburg kam und hier in die protestantischen Kirchen ging, bei Beerdigungen zum Beispiel: Entschuldigung. So sparsam möchte ich nicht unter die Erde kommen. Ich möchte die Bauern-

34 Zum Beispiel: »Ganz pragmatisch gesprochen ist der Ablass eine sehr gute Lösung gewesen: Ich habe doch keine Garantie, dass ich je in den Himmel komme oder je aus dem Fegefeuer oder der Hölle heraus – aber wenn ich mir diese Garantie kaufen kann, ist es doch gut.«

messe von Schubert hören und nicht irgendein so freudloses Geraune. Furchtbar.

Die kulturelle Prägung ist stärker als die religiöse.

Ja, genau ...«[35]

»Die kulturelle Prägung ist stärker als die religiöse« – das ist Religionsvereinnahmung durch Kultur. Die Ablehnung der Religion kommt im religionsfreundlichen Gewand daher, im Unterschied zum offenen, streitbaren Atheismus, der mit seiner Offenheit der Religion wenigstens Respekt zollt.[36] »Entlaufene Katholiken« hingegen machen dann auch noch andere religiös geprägte Kulturen im Namen des von ihnen vereinnahmten Katholizismus verächtlich, in diesem Fall den Protestantismus. Gelegentlich verbünden sie sich mit traditionalistischen katholischen Kreisen gegen Katholiken, die sich ökumenisch engagieren und die Erneuerung der katholischen Kirche im Sinne des Zweiten Vatikanischen Konzils mitvollziehen. Normale Gemeindegottesdienste oder Kinderkatechesen reichen da nicht. Es muss gefühlt katholisch sein, und das heißt mindestens Schuberts »Deutsche Messe« und nicht ein neues geistliches Lied.

Was hier in der Tarnkappe von gebildetem Geplaudere daherkommt, ist ein Grundproblem aller Religionen: Sie werden für kulturelle Identität instrumentalisiert; Religion wird der Kultur untergeordnet. Die krasse Version dieser Instrumentalisierung kann

35 Frankfurter Allgemeine Sonntagszeitung, 21. 8. 2016, Feuilleton, S. 43.

36 Klassisches Beispiel: der »tolle Mensch« von Friedrich Nietzsche.

man seit einiger Zeit auf PEGIDA-Demonstrationen besichtigen: Schwarz-rot-gold angemalte Kreuze als Zeichen für die Verteidigung des christlichen Abendlandes gegen die »Islamisierung«. Da auf diesen Demos auch gelegentlich »Putin-hilf«-Plakate hochgehalten werden, mag ein Zitat des engen Putin-Beraters Wladimir Jakunin hier ganz gut passen, das denselben Geist der missverstandenen »Inkulturation« atmet: »Wir Russen sind Christen, egal ob wir glauben oder nicht.«[37] Religion geht in Kultur auf, Glauben in Bekenntnis zu kultureller Identität. Die Steigerung: Wer sich nicht taufen lässt, ist kein richtiger Russe – wahlweise: kein richtiger Pole, kein richtiger Ire, und so weiter.

Wir Deutschen kennen einen Extremfall dieses Irrweges von den »Deutschen Christen« her. Dasselbe Muster verfolgen im Prinzip viele Länder im Nahen und Mittleren Osten in ihrem Verhältnis zum Islam. Da kommen so seltsame Gebilde heraus wie der türkische Kemalismus: einerseits streng säkular, andererseits aber über eine Religionsbehörde den Islam für die türkische nationale Identität vereinnahmend. Erdoğan ist nur die reaktionäre Rückseite dieses Ansatzes.

Der oben zitierte »entlaufene Katholik« wird sich vermutlich gegen diese Vergleiche verwahren. Schubert-Messen zu lieben und sich über »freudloses Geraune« in protestantischen Trauerfeiern zu erheben sei etwas anderes als gegen Flüchtlinge zu sein, weil man Deutschland schützen wolle. Klar. Und trotzdem: Die hochnäsige Emphase des Kulturkatholiken ist die Light-Version einer Verhältnisbestimmung von Religion und Kultur, die eine lange und keineswegs ruhmreiche Geschichte hat. Verkündigung

37 Die Zeit, 22. 5. 2014, S. 5.

des christlichen Glaubens war oft genug bloß Export europäischer Kultur. Völker wurden gezwungen, die vermeintlich überlegene Kultur zu übernehmen, die sich christlich nannte.

Konträr dagegen steht das eigentliche Anliegen der »Inkulturation« von Religion beziehungsweise Glauben in unterschiedliche Kulturen. Das Wort »Inkulturation« ist relativ neu – die Sache nicht. Die ersten Christen waren Juden, die an Jesus als den Messias glaubten. Als sie in die griechisch-römische Welt verstreut wurden, suchten sie in den anderen Kulturen nach Anknüpfungspunkten, um ihren Glauben zu inkulturieren. Sie fanden die Anknüpfungspunkte in der griechischen Philosophie. Als der Jesuit Matteo Ricci im 16. Jahrhundert nach China kam, nahm er die Ahnenriten auf und integrierte sie in die katholische Liturgie. Heute stellt sich für Christen in Europa die Aufgabe der Inkulturation in eine moderne Gesellschaft, die kulturelle Veränderungsprozesse hinter sich hat: Säkularisierung, Anerkennung der Religionsfreiheit, Demokratie, allgemeine Menschenrechte, industrielle und technische Revolution, Trennung von Sexualität und Fruchtbarkeit, Frauenrechtsbewegung – und so weiter.

Zwei ergänzende Bemerkungen:

Erstens: Inkulturation bedeutet immer auch Exkulturation. Es gab und gibt nie ein von Kultur unberührtes Christentum. Inkulturation ist deswegen immer auch ein konfliktreicher Prozess. Der Übergang der Urkirche in die hellenistische Umwelt war mit großem Streit verbunden, den man schon in den Paulusbriefen nachlesen kann und der auch nach Paulus weiterging. Die China-Mission des Matteo Ricci wurde im Katholizismus seiner Zeit angefeindet. Versuche der Inkulturation von Christentum in der heutigen Zeit müssen sich als »Anpassung an den Zeitgeist« kritisieren lassen. Solche Exkulturationskonflikte sind unvermeidlich, wenn man inkulturieren will.

Zum anderen: Inkulturation bedeutet nicht, alles gut zu finden, was in der anderen Kultur vorzufinden ist. Man muss Kastensystem oder Witwenverbrennung nicht gut finden, wenn man christlichen Glauben in Indien inkulturieren will. Inkulturation geht einher mit einer kritischen Unterscheidung innerhalb der neuen Kultur. Die erste Generation der Christen ging zu den religiös-politischen Riten des hellenistischen Herrscherkultes auf deutliche Distanz, knüpfte aber an die griechische Philosophie bewusst an. Matteo Ricci hielt Distanz zu der buddhistischen Volksreligion und befasste sich dafür intensiv mit dem Konfuzianismus. Und auch heute muss man nicht alles gut finden, was die Moderne mit sich bringt, um trotzdem einen Weg der Inkulturation von christlicher Religion in die Moderne zu finden. Das Christentum lässt sich eben nicht auf eine kulturelle Form festlegen.

Autoritäre Versuchung

Warum Kirche auch INSTITUTION ist

Es kommt bei Entscheidungen nicht nur auf das Was an, sondern auch auf das Wie: nicht nur auf den inhaltlichen Aspekt, sondern auch auf das Zustandekommen der Entscheidung. Das kann im Fall der Fälle zu schwierigen Situationen führen, vor allem dann, wenn man von Amts wegen das Wie der Entscheidung, also das Entscheidungsverfahren, zu schützen hat. Ich erinnere mich an einen Konflikt mit einer Mitarbeiterin, der ich als ihr Vorgesetzter in einer bestimmten pädagogischen Entscheidungssituation einen Rat gegeben hatte, aber der ich zugleich auch signalisiert hatte, dass ich es respektieren würde, wenn sie anders entschiede, als ich es für richtig hielt. Ich hoffte, dass sie diesen Freiraum nutzen würde, um so zu entscheiden, wie ich ihr geraten hatte. Aber sie entschied leider anders. Am nächsten Tag las ich empörte Mails, die sich mit guten Argumenten über die Entscheidung beschwerten, zum Teil auch mit denselben Argumenten, die ich der Kollegin am Vortag nahezubringen versucht hatte. Als ich erwiderte, dass ich die Entscheidung der Kollegin respektieren würde, weil sie korrekt zustandegekommen sei, und nicht mehr intervenieren würde, obwohl auch ich sie für falsch hielt, richtete sich der Zorn gegen mich. Damit musste ich dann leben.

Selbstverständlich gibt es in jeder Institution auch Entscheidungen, die sich die Führung vorbehalten kann und muss. Aber es geht bei der Führung von Institutionen nicht bloß darum, die eigenen Einsichten und Positionen durchzusetzen. Vielmehr ist die

Leitung einer Institution vor allem auch dazu da, Verlässlichkeit von Verfahren zu sichern. Institutionen stellen Verfahren für Entscheidungen zur Verfügung. Das gehört zu ihrem Kerngeschäft. Verfahren verteilen und kontrollieren Macht. Institutionen werden von innen her ausgehöhlt, wenn Verfahren nicht respektiert werden; das geschieht auch dann, wenn im Konfliktfall der inhaltlich »richtigen« Entscheidung der Vorrang gegeben wird vor dem korrekten Wie des Zustandekommens der Entscheidung.

Kirche ist auch Institution. Schon im Evangelium werden für die Gemeinde Regeln genannt, die bei Konflikten zu beachten sind. In der nachpfingstlichen Urkirche treten Amtsträger auf den Plan, die sich mit strittigen Fragen befassen, Entscheidungsprozesse organisieren und auch Entscheidungen treffen.

Den verbindlichen Kanon der Evangelien gäbe es nicht, wenn es nicht ein Verfahren gegeben hätte, an dessen Ende der Kanon so festgelegt wurde, wie er bis heute gilt. Und so weiter. »Kirche als Institution« ist für mich deswegen positiv besetzt. Ich schaue eher kritisch darauf, wenn die Kirche sich selbst als Institution schwächt, angefangen von der Gemeinde vor Ort bis hin zur Spitze der Weltkirche – durch intransparente Verfahren, durch Cliquenbildung, durch mangelnde Gewaltenteilung, durch autoritäres Auftreten.

Es sind nicht nur die Inhaber von Ämtern in der Kirche, die unter der autoritären Versuchung stehen. In der Kirche treten zu allen Zeiten Personen auf, die auf Grund charismatischer Eingebung Gefolgschaft verlangen, manchmal sogar die Gefolgschaft von Amtsinhabern. Mehrfach bin ich Gefolgsleuten von Sehern und Propheten auch in der Kirche begegnet; sie legten mir deren Botschaften vor und erwarteten, dass ich deren Rufen und Aufrufen Folge leisten würde. Als ich mich dazu entschied, ihnen nicht zu folgen, warfen sie mir Unglauben vor. Der autoritäre Gestus zeigt sich bei denjenigen, die für sich die Definitionsvollmacht in Anspruch nehmen, bestimmen zu können, wer dazugehört und wer nicht. Im Fall der Fälle sprechen sie auch Amtsträgern das Katholisch- oder Christlichsein ab, wenn diese ihnen nicht in ihren Auffassungen von dem folgen, was sie für katholisch oder christlich halten. Über Papst Franziskus schrieb einer von ihnen kürzlich: »Das ist ein Papst für alle Menschen, nur nicht für Katholiken.«

Gegen die autoritäre Versuchung schützt die Kirche als Institution, wenn sie nicht vor den Autoritären kapituliert, sondern Verfahren entwickelt, wie mit Konfliktfällen umzugehen ist; Kriterien erarbeitet, wie wahre Propheten von falschen Propheten unterschieden werden können; Gruppen und Grüppchen in der Kirche aus selbstbezüglichen Bestätigungszirkeln herausruft und sie zur Auseinandersetzung mit der gesamten kirchlichen Wirklichkeit und Tradition herausfordert.

Die Autoritären erkennt man daran, dass sie Institutionen verachten – entweder über die Fundamentalkritik an jeglicher Institution oder über die Instrumentalisierung der Institution für eigene Zwecke. Die Autoritären geben im Konfliktfall dem von ihnen als richtig erkannten »Was«, dem sie allgemeine Geltung verschaffen wollen, den Vorrang vor dem »Wie« des Entscheidungsprozesses, der diese Geltung erst herstellen kann. Wenn der Prozess zu einem anderen Ergebnis führt als zu dem von ihnen als »richtig« erkannten, erkennen sie das Ergebnis nicht an. Entweder behaupten sie, der Prozess sei nicht korrekt verlaufen, oder sie sprechen dem Prozess nachträglich vom Ergebnis her die Legitimation ab. Für die Autoritären ist es wichtig, dass der »Output« stimmt. Der Rest ist ihnen ziemlich egal.

Institutionen sichern hingegen das korrekte Wie eines Entscheidungsprozesses, ohne die Differenzen über das Was zu überspielen. Niemand kann gezwungen werden, seine inhaltliche Zustimmung zu einer Entscheidung zu geben, die zwar korrekt zustande gekommen ist, die er oder sie aber inhaltlich für falsch hält. Umgekehrt ist niemand legitimiert, allgemeine Geltung für seine eigenen Erkenntnisse zu verlangen, wenn dieser Geltungsanspruch nicht durch einen korrekt verlaufenen Prozess zustande gekommen ist. So schützt Kirche als Institution beides: Die Freiheit des Einzelnen und die Verbindlichkeit von Entscheidungen in einer Gemeinschaft.

Das besondere Wunder

Wie mit der Jungfrauengeburt Neues beginnt

Über den Propheten Mohammed wird in den Hadithen berichtet, dass er in der Heiligen Nacht »Al-Kadir« in einer Vision vom Engel Gabriel aufgesucht wird. Obwohl Mohammed nicht lesen kann, fordert der Engel ihn dreimal auf, Verse vorzutragen, die auf einem kostbar bestickten Tuch stehen, Verse aus dem Koran im Himmel. Dreimal wehrt sich Mohammed gegen die Aufforderung mit dem Einwand, dass er nicht lesen und deswegen auch nicht rezitieren kann. Schließlich drückt ihm der Engel die Worte ins Herz. So entsteht der Koran, das heilige Buch der Muslime.

Mich erinnert diese Geschichte an die Ankündigung der Jungfrauengeburt im Lukasevangelium. Derselbe Engel Gabriel besucht dort Maria von Nazaret. Er sagt an, dass sie einen Sohn gebären wird. Maria erschrickt und fragt, wie das geschehen soll, da sie doch keinen Mann »erkennt«. Die Antwort des Engels auf die Nachfrage Mariens führt dazu, dass Maria zustimmt: »Mir geschehe, wie du gesagt hast« (Lk 1,38). So kommt Jesus zur Welt.

Ein Analphabet, der einen Text vorträgt; eine Jungfrau, die schwanger ist. In beiden Fällen drückt das Paradox ein Handeln Gottes in der Geschichte aus. Das Paradox ist bewusst gewählt, eben nicht Ja oder Nein, entweder Analphabet oder lesen/vortragen, entweder Jungfrau oder schwanger. Man mag das für verrückt halten, aber es ist davon auszugehen, dass die Verfasser der Texte wussten, dass sie etwas Verrücktes, etwas in sich Widersprüchliches, eben etwas Paradoxes sagten. Es kam ihnen darauf an, es genauso zu sagen.

Jungfrauengeburt ist nicht eines von vielen Wundern, sondern ein Gründungswunder, das Wunder, das am Anfang einer neuen Geschichte steht. Das wird am jeweiligen Ende der beiden Geschichten deutlich. In dem einen Fall geht es ja um den Koran, in dem anderen Fall um Jesus. Für Muslime ist die Offenbarung des Korans das Wende-Ereignis in der Menschheitsgeschichte, für gläubige Christen ist es die Geburt Jesu.

Gründungsereignisse bringen etwas Neues in die Geschichte ein, etwas noch nie Dagewesenes. Eine Zeitenwende ereignet sich. Es gibt jetzt ein *vor* und *nach* Christus. Nur Ereignisse, die etwas Neues hervorbringen, können die Zeit in ein Vorher und Nachher aufteilen. Man könnte einwenden, dass es etwas fundamental Neues in der Geschichte gar nicht geben kann, sondern dass Geschichte nichts anderes ist als ständige Wiederholung desselben, der Kreislauf von Geburt und Tod, Schöpfung und Zerstörung. Ich sehe das nicht so. Jede Geburt ist der Eintritt von etwas Neuem in die Geschichte. Kein Mensch ist die Wiederholung eines anderen Menschen.

Für manche ist das Neue das Schreckliche schlechthin,[38] meist deswegen, weil es als Abwertung des Alten erlebt wird. Wer etwas

38 Peter Sloterdijk macht daraus in christentumskritischer Absicht ein ganzes Buch: Die schrecklichen Kinder der Neuzeit, Berlin 2014, S. 288: »Mit dem Auftritt des vaterlosen Jesus von Nazareth, des schrecklichsten Kindes der Weltgeschichte …« Der jungfräulich Geborene steht bei Sloterdijk für den Traditionsbruch schlechthin und damit für alle Schrecklichkeiten, die Revolutionäre nach ihm bis heute den in genealogischer Kontinuität und Ruhe lebenden Kulturen angetan haben.

Neues zu sagen hat und es äußert, muss damit rechnen, dass dies als Abwertung des Alten verstanden wird. Im Evangelium wird berichtet, dass Jesus Anfeindungen ausgesetzt war, weil er beanspruchte, etwas Neues in die Geschichte Israels einzubringen. Mit dem Hinweis auf das Neue war zwar nicht eine Abwertung des Alten verbunden.[39] Trotzdem wurde es in der Christentumsgeschichte dann doch so aufgefasst und dazu benutzt, das Alte, das Judentum abzuwerten.

Was ist dann aber eigentlich das Neue, das durch Jesus in die Geschichte eintritt? Ich verstehe es so: Hier hat ein Mensch die Nächstenliebe in einer Weise ausgelegt und gelebt, die der Liebe ein für alle Mal einen neuen »Geschmack« gegeben und dadurch auch neue Früchte der Liebe in die Welt gebracht hat, wie es sie vorher so nicht gab. Es scheint mir hilfreich zu sein, sich als Christ diesen besonderen »Geschmack« der Liebe Jesu besser von Nichtchristen bezeugen zu lassen, als selbst darüber zu sprechen, zumal es angesichts der Geschichte der Christenheit keinen Anlass zu christlichem Selbstlob gibt, sondern vielmehr zu Scham und Reue in Hinblick auf das eigene Versagen angesichts der Vorbildes Christi.

Navid Kermani schreibt:

> »Wenn ich etwas am Christentum bewundere, oder vielleicht sollte ich sagen: an den Christen, deren Glauben mich mehr als nur überzeugte, nämlich bezwang, aller Einwände beraubte, wenn ich nur einen Aspekt, eine Eigenschaft zum

39 Mt 5,17: »Ich bin nicht gekommen, um aufzuheben, sondern um zu erfüllen.«

> Vorbild nehme, zur Leitschnur auch für mich, dann ist es nicht etwa die geliebte Kunst und Architektur, nicht dieser oder jener Ritus, so reich er auch sein mag. Es ist die spezifisch christliche Liebe, insofern sie sich nicht nur auf den Nächsten bezieht. In anderen Religionen wird ebenfalls geliebt, es wird zur Barmherzigkeit, zur Nachsicht, zur Mildtätigkeit angehalten. Aber die Liebe, die ich bei vielen Christen und am häufigsten bei jenen wahrnehme, die ihr Leben Jesus verschrieben haben, den Mönchen und Nonnen, geht es über das Maß hinaus, auf das ein Mensch auch ohne Gott kommen könnte: Ihre Liebe macht keinen Unterschied.«[40]

Wenn gläubige Christen so über den Islam sprechen würden wie hier ein gläubiger Muslim über das Christentum spricht, dann wäre das eine von den Früchten der Nächstenliebe, die auf die Gesinnung und das Lebenszeugnis Jesu hinweisen.

40 Navid Kermani, Ungläubiges Staunen. Über das Christentum © Verlag C. H. Beck München 2015, S. 169.

Die gesperrte Website

Warum Keuschheit bedeutet, die Intimsphäre zu achten

Seit einiger Zeit gibt es im Internet ein Portal, in dem man anonym namentlich genannte Lehrer und Lehrerinnen mit Punkten bewerten kann. Eine Kollegin klagte gegen dieses Internetportal und erhielt nicht Recht. Dafür bekam das Portal umso mehr Publicity. Ein paar Tage, nachdem das Thema durch die Presse gegangen war, erfuhr ich, dass nun auch Lehrer unserer Schule in dem Portal bewertet werden. In diesem Moment stand ich vor zwei Fragen. Erstens: Stehe ich auch drin und, wenn ja, wie werde ich dort bewertet? Zweitens: Soll ich im Internet nachschauen, um das zu überprüfen?

Ganz im Hintergrund regte sich dabei die Neugier: Es würde sich bei dieser Gelegenheit nicht vermeiden lassen, mit halbem Auge zu sehen, welche anderen Kollegen und Kolleginnen dort wie bewertet werden. Nach einigen Überlegungen entschied ich: Ich werde mir dieses Portal erst gar nicht ansehen. Es wäre unkeusch gegenüber den Kollegen, es würde meinen Blick auf sie verändern, und es würde auch mich verändern. Dafür musste ich nun meine Neugierde zügeln.

In Abiturzeitungen ist das »Lästern« bundesweit zum Ritual geworden. Die Jugendlichen fertigen Hitlisten mit zum Teil recht geschmacklosen Titeln an. Die geschmackvolleren lauten »nettester Junge« oder »nettestes Mädchen«. Es geht meistens um Körper, Sex und Beziehungen. Das Wesentliche beim Lästern ist, dass es anonym ist. Das soll so sein, weil man angeblich nur bei Anonymität »ehrliche Rückmeldungen« bekommt – und auf diese richtet sich die Neugierde. Jeder, der will, kann mit Dreck schmeißen, ohne dass er oder sie sich dafür stellen muss. Die Hitlisten werden in den Abi-Zeitungen veröffentlicht. Oft führt das zu schlimmen Verletzungen bei den Betroffenen. Auch hier habe ich mich entschieden: Ich schaue mir das »Semester-Geläster« in den Abi-Zeitungen nicht mehr an. Mir scheint, dass ich das denjenigen, die durch das Lästern entwürdigt werden, schulde. Ich möchte auch nicht wissen, wie über den Körper oder die Beziehungen von namentlich genannten Schülerinnen und Schülern, die ich unterrichte, »gelästert« wird. Es würde meine Beziehung zu ihnen verändern. Genau das will ich nicht.

Dies sind zwei Situationen, die mir eine alte Einsicht neu nahegebracht haben: Keuschheit lässt keine Grade zu, so als könne man ein bisschen mehr oder weniger keusch sein. Sie hat etwas Kompromissloses. In vielen Märchen gibt es Türen, die man nicht öffnen soll, nicht einmal einen kleinen Spalt. Wenn man sie einmal geöffnet hat, lassen sie sich nicht mehr schließen. Das Leben wird dann ziemlich kompliziert. So ähnlich verhält es sich mit bestimmten Internetportalen und anderen Angeboten der Voyeurs-Kultur: Man muss sich entscheiden, überhaupt nicht hinzusehen, wirklich ganz und gar wegzusehen, es sei denn, dass man aus beruflichen Gründen darauf hingewiesen wird, um zum Beispiel disziplinarisch einzuschreiten, ähnlich wie Polizisten, die zu Ermittlungszwecken Kinderpornographie im Internet anschauen müssen.

Keuschheit bedeutet also in solchen Situationen für mich: Völlige Enthaltsamkeit des Hinsehens und auch des Hinhörens. Sie ist wie ein Schutzmantel für meine Beziehung zu den Menschen, mit denen ich zusammenlebe. Geistlicher Feind der Keuschheit ist die voyeuristische Neugierde. Dieser Drang nach Sehen- und Mitredenwollen dringt von außen in Intimsphären ein und verschmutzt die Beteiligten in ihrem Blick aufeinander. Treffend ist dieser Vorgang beschrieben im zweiten Schöpfungsbericht der Bibel: Der Mann und die Frau entdecken, dass sie sich jetzt voreinander schützen müssen; sie haben dem Misstrauen die Tür geöffnet, die Tür, die sie nicht hätten öffnen sollen.

Oft begegnet es mir, dass ich von Dritten etwas über Personen erfahre, das ich eigentlich gar nicht wissen sollte oder auch gar nicht wissen will. Gerüchte über Mitarbeiter werden mir zugetragen, Informationen aus dem Intimbereich eines Freundes, ehrverletzende Unterstellungen und vieles andere mehr. Manchmal erfahre ich aber auch aus dem seelsorglichen Gespräch, im Beichtstuhl oder auch als Chef etwas über Personen, die gar nicht wissen, dass ich es weiß. In allen diesen Fällen behalte ich die Dinge für mich, außer in begründeten Ausnahmefällen, wenn ich zum Beispiel meine, Betroffene vor einer Gefahr warnen zu müssen. Dieses Schweigen mitten im Sturm des zugetragenen Wissens über Dritte hängt für mich eng mit der Keuschheit zusammen. Es geht ja nicht nur um ein äußerliches, sondern auch um innerliches Schweigen. Das Gehörte verstummt in mir, wenn ich es nicht weitertratsche. Im Falle eines ehrverletzenden Gerüchtes erzähle ich es der betroffenen Person nicht weiter, da ich damit ohnehin nur die Verletzung weitergeben würde. Im Fall, dass mich das Gerücht selbst verunsichert, halte ich die Unsicherheit lieber aus, als dass ich in die Verdachtslogik gegenüber dem Freund oder Kollegen einsteige. Und wenn ich aus dem Beichtstuhl komme und etwas über eine mir bekannte Person erfahren habe, dann vergesse ich es sofort, als wäre es mir nicht gesagt worden.

Keuschheit ist umso leichter zu leben, je mehr ich sie praktiziere. Es gibt eine Enthaltsamkeit, die hilft, dass Beziehungen zu den Menschen klar bleiben. Sie schenkt Leichtigkeit und zugleich tiefe Liebe und Freundschaft.

Hass und Huldigung

Warum Jesus ans Kreuz genagelt werden musste

Kreuzigung ist keine Angelegenheit der Vergangenheit: »Saudische Gerichte haben in jüngster Zeit weitere Todesurteile bestätigt, die damit in den kommenden Wochen vollstreckt werden können … Insgesamt sollen sieben saudische Schiiten hingerichtet werden, die während der Demonstrationen 2012 in den überwiegend von Schiiten bewohnten Ostprovinzen des Königreichs verhaftet worden waren. Die sieben sollen erst enthauptet, danach gekreuzigt und an öffentlichen Plätzen zur Abschreckung zur Schau gestellt werden.«[41] Im UN-Bericht vom 4. Februar 2015 wird dokumentiert, dass im »Islamischen Staat« Menschen ethnischer und religiöser Minderheiten lebendig gekreuzigt werden. Bis heute gibt es Staaten, in denen Kreuzigung als Strafe im Gesetz verankert ist.

Kreuzigung war eine Hinrichtungsart in der Antike, nicht nur bei den Römern, sondern bereits bei den Phöniziern. Das Ziel war, so zu töten, dass man dabei quält, und zwar so lange wie möglich. Das Kreuz ist also auch ein Folterinstrument. Es kombiniert Hinrichtung mit Folter. Die öffentliche Ausstellung des Gekreuzigten ist Teil des Konzeptes. Der zum Tode verurteilte Mensch soll nicht nur getötet, sondern auch entwürdigt werden. Deswe-

41 Rainer Hermann in: Frankfurter Allgemeine Zeitung, 10.11.2015.

gen fiel dem Evangelisten Matthäus beim Anblick des Gekreuzigten der Psalm 22 ein: »Ich aber bin ein Wurm und kein Mensch, der Leute Spott, vom Volk verachtet« (Ps 22,7). Der gekreuzigte Mensch muss nicht nur physisch, sondern auch geistig vernichtet werden. Ähnlich hielt es Hitler mit den Männern und Frauen des Widerstandes. Nach ihrer Verurteilung zum Tode wurden sie in Plötzensee nackt an Fleischerhaken aufgehängt.

Das Kreuz kann man nicht ohne den Hass verstehen, der die Gekreuzigten trifft. Woher kommt der Hass? Ein neuer Schlüssel zum Verstehen wurde für mich der Hass in der Türkei auf die Putschisten vom 15. Juli 2016. Der Bürgermeister von Istanbul forderte die Einrichtung eines »Friedhofs der Verräter«: Die Menschen sollten daran vorbeigehen und die dort Begrabenen verfluchen können, damit diese nicht einmal im Tod Ruhe finden. Was für ein Hass! Er erinnert an die Tiraden des Blutrichters Roland Freisler gegen die Putschisten vom 20. Juli 1944 in Berlin. Hitler persönlich hatte angeordnet, dass die Verhandlungen im Saal des Volksgerichthofes für ihn aufgenommen werden sollten. Der Führer schaute zu! Die Hasstiraden Freislers waren also auch Huldigungsakte gegenüber dem zuschauenden Führer. Hass ist Huldigung für den »Fürst dieser Welt« (Joh 12,31), der zuschaut. Das Bedürfnis nach Huldigung ist bei dem »Fürsten dieser Welt« unersättlich. Deswegen ist der Hass maßlos.

Vor dem Gekreuzigten huldigen also der Mob, die Richter, die Soldaten, die Priester, die Intellektuellen, schließlich sogar die Mitgekreuzigten (vgl. Mk 14,29–32) den Mächtigen, dem Mächtigsten der Mächtigen. Wie kann dann aber das Kreuz überhaupt zum Symbol der Erlösung umgedeutet werden, wie es im Christentum geschehen ist? Dadurch, dass es im Fall des gekreuzigten

Jesus genau diese Macht bricht. Das christliche Bekenntnis verweist auf den Gekreuzigten und sagt: Der mit Dornen Gekrönte ist der wahre König. Ihm huldigen wir.

Das Problem ist, dass wir uns nach 2000 Jahren Christentum zu sehr an diese alles umstürzende Provokation gewöhnt haben. »Für die Juden ein empörendes Ärgernis, für Nichtjuden eine Torheit« (1 Kor 1,23) konnte Paulus noch schreiben. Ich empfehle Christen, die Empörung und das Kopfschütteln nachzuempfinden, gerade um das Kreuz aus seiner Verniedlichung, seiner Folklorisierung, aus seiner Selbstverständlichkeit herauszuholen – von seinem Missbrauch als Symbol kultureller Eroberungsmacht ganz zu schweigen. Im Koran klingt die Befremdung über das christliche Bekenntnis nach, wenn dort darauf bestanden wird, dass Jesus eben nicht gekreuzigt worden ist. Wie sollte es auch möglich sein zu denken, dass die maximale Ohnmachtssituation des Gekreuzigten der Ort maximaler Machtentfaltung Gottes ist? Zumal der Gekreuzigte auch als Auferstandener der Gekreuzigte bleibt: Seine Wunden sind offen, nicht vernarbt (vgl. Joh 20,27).

Es gibt viele Antworten auf diese Urfrage. An ihr entscheidet sich das christliche Bekenntnis. In Hinblick auf den Hass lautet meine Antwort: Hass wird durch nichts mehr gekränkt als dadurch, dass er sein Ziel nicht erreicht. Der Gekreuzigte wahrt seine Würde als Sohn Gottes – er hasst nicht. Das ist die Niederlage des Hasses. Nicht zu hassen ist viel mehr als bloß nicht zu hassen. Es ist immer auch ein kleiner Sieg über den Hass.

Tun und Unterlassen

Warum Liebe nicht ausschließt, sondern einschließt

»Die Liebe glaubt immer, hofft immer, hält immer durch« (1 Kor 13,6). »Die Liebe hört niemals auf« (1 Kor 13,8). Das sind zwei Schlüsselsätze aus dem berühmten Text von Paulus über »das überaus große Geschenk« (1 Kor 12,31) – so übersetze ich lieber als mit »Gabe«[42] – der Liebe.

Um besser zu verstehen, was in der biblischen Sprache mit Liebe gemeint ist, hilft mir ein philologischer Hinweis: »Lieben« steht in der aramäischen Sprache, der Sprache Jesu, mit dem Dativ, dem »dativus ethicus«. Ich liebe also nicht jemanden (Akkusativ), eine Person, sondern ich verhalte mich liebevoll jemandem (Dativ) gegenüber, einer Person gegenüber. Es steht beim Lieben mehr das Verhalten im Vordergrund als das Fühlen. Am deutlichsten wird das beim Stichwort Feindes-»Liebe«. Meine Gefühle gegenüber dem Feind (vgl. Feind) sind ganz andere als die Gefühle gegenüber meinem Freund. Ich darf diese Gefühle gegenüber dem Feind haben, sie sind Tatsachen. Trotzdem halte ich mich auf der Handlungsebene zurück, eskaliere nicht, schlage nicht dagegen, intrigiere nicht, erkläre den Feind nicht zum Nichtmenschen. Das ist auch »lieben«.

---

42 Vgl. Norbert Baumert, Sorgen des Seelsorgers, Würzburg 2012, S. 214.

Auch das Gebot der Nächstenliebe gebietet nicht Gefühle, sondern liefert zunächst das Kriterium für ethisch richtiges Handeln: »Liebe deinen Nächsten wie dich selbst.« Man könnte das Wort »lieben« hier auch durch das Wort »achten« ersetzen: »Achte den Nächsten (seine Rechte) wie dich selbst (wie deine Rechte).« Im Buch Levitikus wird der Begriff des Nächsten auf den Fremden hin geöffnet: »Liebe den Fremden wie dich selbst« (Lev 19,33). Denke daran, dass du in Ägypten auch Fremder warst; auch damals war dir daran gelegen, dass deine Rechte von den einheimischen Ägyptern geachtet werden, und du hast darunter gelitten, dass sie nicht geachtet wurden. Auch Ägypter haben Rechte, wenn sie nun in deinem Land leben. Und was deine Feinde betrifft, die dir persönlich Schaden zugefügt haben – achte sie, so wie du in deinen Rechten geachtet werden wollen würdest, wenn du einer anderen Person Schaden zugefügt hättest und ihr zum Feind geworden wärest.

Auch ich (ich selbst) bin in der Liebe mit eingeschlossen. Das ist der Sinn hinter dem zweiten Teil des Nächstenliebe-Gebotes: »… wie dich selbst«. Die Selbstliebe ist das Urbild, die Nächstenliebe das Abbild. »Die höchste Gestalt der Freundschaft gleicht der Liebe, die man für sich selbst hegt«, nicht umgekehrt, schreibt Aristoteles. Thomas von Aquin nimmt diesen Gedanken auf: »Der Freund wird geliebt als derjenige, für den man etwas begehrt; und auf eben diese Weise liebt auch der Mensch sich selbst.« Und: Die Nächstenliebe »geht hervor aus der Ähnlichkeit mit der Liebe, die man für sich selbst hegt«. Dieser Zusammenhang von Selbstliebe und Nächstenliebe ist auch nach Augustinus untrennbar: »Wenn du dich selber nicht zu lieben weißt, kannst du auch den Nächsten in Wahrheit nicht lieben.«[43]

Liebe schließt ein, mich selbst eingeschlossen, bis hin zu meinem ärgsten Feind. Liebe verbindet alle miteinander, über alle Grenzen und notwendigen Unterscheidungen hinweg. Sie hält die ganze Schöpfung zusammen. Dem widerspricht die Erfahrung der erotischen, d. h. einer auswählenden und verlangenden Liebe (»du und keine andere«) nicht. Nur die Vorstellung, Ich oder Wir seien etwas Besonderes im Unterschied zu anderen, so dass uns etwas zustünde, was anderen nicht zustünde, widerspricht der Liebe. Das gilt ja auch für Gruppen, Völker und Klassen, die untereinander maximale »Nächsten«-Liebe praktizieren, aber sich gegenüber anderen Gruppen, Völkern und Klassen abschotten oder sich in kollektivem Dünkel erheben, statt auch sie als Nächste »zu lieben wie sich selbst«. Lieblosigkeit ist die Ursache aller Entzweiung und Gewalt.

Oft wird der von Paulus geschriebene Hymnus über die Liebe bei Hochzeiten verlesen. Da passt er auch gut hin. Allerdings geht es Paulus in dem Text zunächst um die Liebe in der korinthischen Gemeinde, die sich entzweit in gegenseitiger Konkurrenz um die »größten Charismen« – um prophetisches Reden, heilendes Gebet, geisterfüllte Lehre. Der Gemeinde hält Paulus die Liebe als größtes Charisma vor Augen, nach dem Motto: »Wenn ihr schon miteinander wetteifert, dann wetteifert um die größte Gabe, die Liebe« (1 Kor 13,1). Darin steckt ein Paradox, mit dem Paulus den ganzen Text hindurch spielt. Es kommt besonders klar zum Ausdruck, wenn man »Charisma« – wie ich es tue – mit »Geschenk« übersetzt, denn Liebe ist wie die anderen Gaben ein Geschenk,

43 Alle Zitate aus: Josef Pieper, Über die Liebe, München 1972, S. 127f.

und um Geschenke kann man gar nicht wetteifern. Die Liebe ist zugleich der Weg, um aus dem Wetteifern herauszukommen, aus dem vergleichend-konkurrierenden Blick, dem »Plappern wie die Kinder« (vgl. 1 Kor 13,11) im Sinne von: »Ich will Erster sein!« Die Liebe legt das alles ab, sucht nicht mehr wie Narziss in der anderen Person wie in einem Spiegel den Vergleich, das eigene Bild, die Bestätigung, die eigenen Bedürfnisse, sondern schaut auf Augenhöhe »von Angesicht zu Angesicht« (1 Kor 13,12). Denn es ist ja tatsächlich so: Nirgendwo bin ich so sehr bei mir selbst, wie wenn ich wirklich bei dem oder der Nächsten bin.

Eine Tontafel aus Mesopotamien

Wie Mammon und Glaube zusammenhängen

»Das erste Geld waren Tontafeln aus Mesopotamien, auf denen die Schulden verzeichnet wurden. Da diese Schulden übertragbar waren, wurden sie zu einer Währung. Es ist kein Zufall, dass sich das Wort *Kredit* vom lateinischen *credo* für *ich glaube* ableitet, so der Wirtschaftshistoriker Niall Ferguson.«[44] Geld basiert auf Glauben: Der Gläubiger glaubt dem Schuldner, dass er die Schulden zurückzahlen wird. Arme sind diejenigen Schuldner, die ihre Schulden nicht zurückzahlen können. Sie müssen diese irgendwie anders zurückzahlen: durch (Sklaven-)Arbeit, durch Schuldgefängnis, durch Sippenhaft.

Zu den prophetischen Visionen gehört die Abschaffung des Geldes: »Auf, ihr Durstigen, kommt alle zum Wasser! Auch wer kein Geld hat, soll kommen. Kauft Getreide und esst. Kommt und kauft ohne Geld, kauft Wein und Milch ohne Bezahlung!« (Jes 55,1). Die Abwesenheit des Geldes ist ein Zeichen der Befreiung. Jesus treibt den Widerspruch zwischen dem messianischen Reich und Geld auf die Spitze, wenn er sagt: »Kein Sklave kann zwei Herren dienen … Ihr könnt nicht beiden dienen, Gott und dem Mammon« (Lk 16,13).

44 Thomas Sedlacek, Die Ökonomie von Gut und Böse, München 2013, S. 110.

Geld beansprucht Glauben. Durch den Glauben verselbständigt es sich und wird eine globale Macht. Je mehr der Glaube an die Verlässlichkeit des Geldes steigt, umso mehr erhöht sich der Wert des Geldes und damit auch sein Handelswert. Zinsverbote – oder wenigstens Verbote von Wucherzins – versuchen, diese Dynamik einzugrenzen. Doch meist sind solche Versuche zu schwach. Der Mammon lebt vom Glauben wie der Vampir vom Blut. Niemals reicht ihm der Status quo. Er braucht immer mehr Glauben. Mit immer mehr Glauben gewinnt er immer mehr Macht. Seine Allmacht hat der Mammon erreicht, wenn er alles kaufen kann.

Nun gibt es Dinge, die von ihrem Wesen her nicht käuflich sind, oder besser gesagt: die sich verändern, noch besser: die verderben, wenn sie durch Kauf erworben werden: Liebe, Erkenntnis, Vertrauen, Versöhnung und so weiter. Da muss ein anderes »Geld« eingesetzt werden, wenn man diese Güter haben will – wenn »haben« überhaupt das geeignete Wort ist, um solchen Besitz zu bezeichnen. Und es kommt hinzu: Wenn man sie »hat«, dann kann man sie nicht einfach in die Tasche stecken und weitermachen wie bisher. Vielmehr handelt es sich dann um einen »Besitz«, der ebenfalls Zinsen tragen soll, allerdings keine finanziellen Zinsen, sondern Wachstum von Liebe, Erkenntnis, Vertrauen und Versöhnung.

So verstehe ich übrigens auch das Gleichnis von den Talenten (Mt 25,14–30). Auf den ersten Blick scheint es ja die Kritik des Evangeliums am Mammon zu konterkarieren. Die beiden Verwalter, die mit dem anvertrauten Vermögen erfolgreich gewirtschaftet und so das Vermögen vermehrt haben, werden reichlich belohnt; der dritte Verwalter hingegen wird schwer bestraft, weil er mit dem anvertrauten Talent nichts gemacht hat. Doch hier wird nur mit der Sprache des Mammons darauf aufmerksam gemacht, dass – in diesem Falle – die Gabe des Vertrauens (»er vertraute ihnen sein Vermögen an«, Vers 14) eine dem Geld vergleichbare Eigenschaft hat: Vertrauen ist keine statische Größe. Es wird weniger, wenn man es nicht aktiv annimmt und etwas daraus macht.

Geld ist niemals bloß Besitz, das Reich Gottes auch nicht. Geld fordert zu Glauben heraus, das Reich Gottes auch. Das ist die Parallele. Deswegen stellt sich überhaupt erst die Alternative: Wo investiere ich meinen Glauben, mein Vertrauen? Auf wen setze ich – auf Gott oder den Mammon? Womit will ich aktiv etwas tun? Wem will ich am Ende mit der Investition meines Tuns, mit der Investition meines Glaubens dienen? Eine ernste Frage angesichts der Tatsache, dass der Dienst am Mammon doch sehr viele mehr zu überzeugen scheint als der für sie selbst und für die Welt bessere Dienst. Die Ideologie des Kapitalismus ist tatsächlich die einzige Ideologie, die es global mit dem Universalismus der Nächstenliebe aufnimmt und aufnehmen kann.

Überraschende Einladung

Wie Mission startet

Eine türkischstämmige deutsche Studentin klopfte an meinem Büro an und fragte, ob sie ihr zweimonatiges Schulpraktikum an unserer katholischen Schule absolvieren und dabei das Kopftuch tragen dürfe. Wir sagten ja. Einige Monate später – ihr Praktikum war schon längere Zeit beendet – wurde ich von ihr zu einer Veranstaltung eingeladen. Ich nahm die Einladung an und wurde zum Patriarchen der Familie geführt, der mich an einen gedeckten Tisch geleitete. Einige Wochen später flatterte wieder eine Einladung bei mir ein, diesmal zu einem feierlichen Fastenbrechen anlässlich des Noah-Festes. Zu meiner Überraschung wurde die Einladung ergänzt durch die Bitte, ob ich eine Rede halten[45] und darüber sprechen könne, wie ich als Christ die Figur des Noah sehe. Ich erkundigte mich, wie der Koran die Noah-Geschichte erzählt, und entdeckte sowohl Gemeinsamkeiten als auch Unterschiede zur Erzählung im Buch Genesis. Daraus ergab sich die Gelegenheit, vor einer muslimischen Hörerschaft Gemeinsamkeiten, aber auch unterschiedliche Profile der biblischen und der koranischen Texte darzustellen, einschließlich ihrer Bedeutung für das Reden über Gott. Als ich abends zum Fastenbrechen eintraf, fand ich mich in einem sehr großen Saal vor, der bis auf den letz-

45 Die öffentliche Rede auf eine Einladung hin ist übrigens ein wichtiger Topos der urchristlichen Tradition.

ten Platz mit vielen Menschen gefüllt war, alles Muslime. Eine Gelegenheit, vor Nichtchristen über meinen Glauben zu sprechen.

Eine andere Einladung geht mir auch nicht aus dem Sinn, wenn ich das Wort »Mission« bedenke. Das Friedensgebet von Assisi hatte mich gemeinsam mit einigen Freunden motiviert, einmal im Monat zu einem »Gebet der Religionen« auf der Straße einzuladen, auf dem Gendarmenmarkt in Berlin. Alle Teilnehmenden waren gebeten, in der Sprache ihrer religiösen Tradition ein Gebet zu sprechen oder einfach nur zu schweigen. Eines Tages traten drei junge Männer zu unserer kleinen Gruppe hinzu und blieben eine Stunde lang bis zum Ende des Gebetes respektvoll stehen. Danach wandten sie sich an uns und fragten, ob wir sie lehren könnten zu beten. Sie hatten den Verein »Liebet eure Feinde e. V.« gegründet, mit dem sie in der Nacht zum 1. Mai Zeichen gegen die Gewalt im Mauerpark setzen wollten: Seifenblasen statt Steinewerfen, Küssen statt Schlagen, Beten statt Schimpfen und Fluchen.

Manche verstehen unter Mission, sich auf die Straße zu stellen und zu predigen; oder an fremde Türen zu klopfen und ein Gespräch über das Evangelium anzubieten – in der Absicht, die angesprochen Personen vom eigenen Glauben zu überzeugen. Mir sind diese Methoden fremd. Ich glaube auch nicht, dass Mission in der Urkirche so funktioniert hat. Es war vielmehr anders: Jesus ließ sich auf der Straße in Gespräche verwickeln und nahm Einladungen an. Dadurch überschritt er Grenzen. Er ließ sich von Leuten einladen, von denen man in der Regel eher Abstand hielt: Zöllner, Dirnen, Kranke, Arme. Die Begegnungen bereicherten nicht nur die Leute, sondern auch ihn selbst. Die Jünger fingen nach Pfingsten ebenfalls an, Einladungen von Leuten anzunehmen, deren Einladungen man eigentlich nicht annehmen durfte:

»Ihr wisst, dass es einem Juden nicht erlaubt ist, mit einem Nichtjuden zu verkehren und sein Haus zu betreten!«, sagt Petrus zu dem römischen Hauptmann Cornelius (Apg 10,28). Der hatte ihn aufgrund einer Eingebung des Heiligen Geistes eingeladen.

Die Initiative zur Mission geht also nicht von den Missionaren aus. Missionare bringen nicht den Heiligen Geist zu den Leuten, sondern sie horchen auf die Stimme des Geistes, der aus einer an sie gerichteten Einladung spricht. Doch was motiviert die Einladenden dazu, die Jesus-Jünger einzuladen? Vielleicht hat man etwas von Jesus, von den Jüngern, von Christen gehört und wird neugierig: »Was sind das für Leute?« Vielleicht ist man Christen auf der Straße, auf einem Fest, im Betrieb begegnet, womöglich ohne zu wissen, dass es Christen sind; es entsteht eine Freundschaft, die zu Einladungen führt. Der Erfolg der Mission der Urkirche bestand ganz einfach darin, dass die Männer und Frauen um Jesus ansprechbar waren, auf Fragen, die ihnen gestellt wurden, antworteten und sich auf Freundschaften einließen.

Ein missionarisches Leben besteht also nicht in erster Linie darin, Strategien zu entwickeln und Aktionen zu planen, mit denen man »an Leute herankommt«, sondern im Gegenteil darin, zunächst einmal hinauszutreten aus dem eigenen Haus, absichtslos auf die Straße zu gehen, sich unter Menschen zu mischen, zu lernen, einen Beruf zu ergreifen, sich ehrenamtlich zu engagieren, sich für das Allgemeinwohl einzusetzen und so weiter. Es geht um wirkliche Absichtslosigkeit, nicht um eine taktische nach dem Motto: Ich mische mich absichtslos unter die Leute, weil das die beste Methode ist, an sie heranzukommen und sie zu mir herüberzuziehen. Im Übrigen: Die Leute spüren die Absicht und ziehen sich zurück. Ich würde es an ihrer Stelle auch tun.

Zu der echten Absichtslosigkeit kommt hinzu, das eigene Christsein nicht zu verstecken. Das klingt wie ein Paradox, ist es aber nicht. Die Sichtbarkeit meines Christseins entspringt ja zunächst nicht einer missionarischen Absicht, sondern einfach der Tatsache meines Christseins. Aber diese Tatsache hat eine Wirkung. Ich bin als Christ in der Öffentlichkeit sichtbar, wenn ich meine Überzeugungen oder mein Engagement mit dem Vorbild des Evangeliums begründe, weil das Evangelium mich überzeugt. Ich bin als Christ sichtbar, wenn ich den Sonntag ehre – obwohl ich den Sonntag nicht deswegen ehre, weil ich dadurch sichtbar sein will, sondern weil mir die Teilnahme an der Eucharistie ein Anliegen ist. Und so weiter.

Warum nennt man dann aber diesen Vorgang »Mission«? Jeder christliche Gottesdienst endet mit der Sendung: »Ihr seid ausgesandt – missa est.« Ihr seid jetzt Missionarinnen und Missionare. Christen sollen in der Welt sein. Dort kann man sie ansprechen und einladen. Alles Weitere ergibt sich dann.

Gottes Nähe ausstrahlen

Warum Priester das Gegenteil von klerikalen Klerikern sind

Es gibt priesterliche Menschen. Das sind Männer und Frauen, die eine besondere Nähe zu Gott ausstrahlen. Zwar hat jeder Mensch eine besondere Nähe zu Gott, da jeder Mensch besonders ist. Aber gerade deswegen darf es auch Unterschiede geben. Der Unterschied bei priesterlichen Menschen besteht darin, dass sie diese Nähe besonders ausstrahlen. Das kann man sich nicht erarbeiten, sondern es ist zunächst einmal eine Gabe. Man kann die besondere Ausstrahlungskraft auch verlieren, gewiss. Priesterliche Menschen erkenne ich daran, dass sie sich ganz der ständigen Aufmerksamkeit für Gott widmen; dass sie sich ständig um Weisheit bemühen; dass sie den Kontakt mit Gott nicht in vereinzelten Flash-Erlebnissen suchen, sondern in täglichen Übungen; dass sie sich lebenslang einer geistlichen Disziplin unterziehen. So werden sie oft, je älter sie werden, immer priesterlicher, durchdrungener vom Wort Gottes, aus dem sie leben.

Die priesterliche Ausstrahlung, die ich meine, darf nicht mit Klerikalismus verwechselt werden. Sie ist das Gegenteil davon. Klerikalismus ist eine Form von Machtausübung im Namen einer angemaßten besonderen Nähe zu Gott. Der Kleriker im negativen Sinn des Wortes täuscht geistliche Ausstrahlung vor. Seine Rede von Gott klingt hohl, seine Predigten ermüden die Zuhörer; er führt große Worte im Mund, ohne sie mit Leben erfüllen zu können; »es redet« aus ihm heraus; er belehrt, statt zuzuhören.

Klerikalismus ist nicht nur ein Problem von geweihten Personen. Die mögliche Karikatur des Priesterlichen kann auf alle Menschen zutreffen. Es gibt eben sehr viele klerikale Menschen, die keine Kleriker sind.

Was für Beispiele fallen mir ein, wenn ich an priesterliche Menschen denke? Ich denke auch einen befreundeten Franziskanerbruder, der gar nicht anders kann, als von Gott zu sprechen, wenn er den Mund aufmacht. Es fließt aus ihm heraus, und es klingt jedes Mal so, als würde er es das erste Mal sagen. Ich habe festgestellt, dass viele Menschen in ihrem Leben ein oder zwei Personen mit dieser Ausstrahlung kennen. Es ist gut, wenn man über solche Personen nicht zu oft spricht. Es besteht immer die Gefahr, dass ein Kult um sie herum entsteht. Das tut beiden Seiten nicht gut.

Ob ich selbst ein priesterlicher Mensch bin, weiß ich nicht. Aber ich bin ein katholischer Amtspriester, ein Kleriker also. Ich überfordere mich selbst nicht mit dem Anspruch, so zu sein wie die priesterlichen Menschen, von denen ich gerade gesprochen habe. Das ist eine Falle gerade bei amtlichen Priestern: Sie überfordern sich und andere, indem sie meinen, von Amts wegen ständig etwas ausstrahlen zu müssen von dem, was sie persönlich mit Gott zu tun haben. Aber das funktioniert nicht, jedenfalls bei mir nicht. Ausstrahlung kann man nicht machen. Wer ausstrahlt, weil er ausstrahlen will, strahlt nicht aus, jedenfalls nichts Geistliches.

Aber es macht ja auch gerade den Reiz der Unterscheidung von Amt und Person aus, dass es im Amt nicht an der Person hängt, ob die priesterlichen Amtshandlungen gültig sind oder nicht. Wenn ein geweihter Priester in der Eucharistiefeier über das Brot die Worte spricht: »Das ist mein Leib«, meint er nicht seinen Leib, sondern den Leib Christi. Mit seinem eigenen Leib, zum Beispiel mit seinem Mund, kann er eine Stunde zuvor gesündigt haben durch üble Nachrede gegen eine andere Person. Das ändert aber nichts daran, dass der Satz gültig ist und verlässlich stimmt, den er über die Gaben von Brot und Wein ausspricht.

Amtspriestertum und »charismatisches« Priestertum, wie ich das anfänglich beschriebene priesterliche Charisma hier einmal nennen will, gehören wiederum auch zusammen. Eine wichtige Aufgabe von Amtspriestern ist, priesterliche Menschen zu sehen und anzuerkennen. Zur Anerkennung bedarf es einer Vollmacht, einer Befugnis, um verbindlich für die ganze Öffentlichkeit der Glaubensgemeinschaft zu sagen: Ja, das ist ein priesterlicher Mensch. In diesem Sinne vollzieht der Amtspriester einen Dienst an der ganzen Kirche – und ist nicht bloß Beamter für bestimmte Amtshandlungen. Kirchlich gesprochen: Priester machen alle Getauften auf ihre priesterliche Würde als Gotteskinder aufmerksam, auf ihre unmittelbare, nicht von außen verfügbare Verbindung zum gegenwärtigen Gott. Das ist ein auch für Amtspriester sehr bereichernder Dienst, weil man sich sozusagen ein Leben lang von Amts wegen beschenken lassen darf von der Nähe Gottes, die aus Menschen besonders ausstrahlt.

Baseballkarten und Gürteltier

Wie Sakramente verbinden

John Irving erzählt in einem seiner Romane die bewegende Geschichte der Lebensfreundschaft zwischen Owen Meany und John Wheelwright. Beide sind als Kinder Baseballspieler und Baseballkartensammler, vor allem Owen. Und sie haben bereits viel erlebt mit einem ausgestopften Gürteltier, das John von Dan, dem Freund von Johns Mutter, geschenkt bekommen hat. Eines Tages passiert etwas Furchtbares: Owen schlägt den Baseball in hohem Bogen, und er landet zufällig auf der Schläfe von Johns Mutter, die sich unglücklicherweise gerade in dem Moment am Rande des Spielfeldes so umdreht, dass der Aufschlag des kleinen harten Balls eine tödliche Wirkung hat.

Owen hat die Mutter seines besten Freundes aus Versehen getötet. Was können zwei Kinder einander nach einem solchen Ereignis noch sagen? Wie können sie noch miteinander sprechen? Wie sollen sie sich bei der nächsten Begegnung in die Augen schauen? Nach einer durchwachten Nacht fährt der Laster von Owens Vater vor Johns Haus vor. Owen steigt aus und lädt mehrere Kartons vor der Haustür ab: »In den Kartons waren Owens Baseballkarten, seine komplette Sammlung. Ich wusste, wie sehr Owen an den Baseballkarten hing, sie waren sein einziger Schatz …« Im Nachdenken über die Kartons und ihre Bedeutung entsteht die Frage, wie John Owen antworten soll. Dan rät John, Owen die Karten zurückzubringen und ihm zugleich etwas dazuzulegen, was John genauso wertvoll ist wie umgekehrt Owen seine Baseballkartensammlung: das Gürteltier. »Und wenn Owen nun meinte, er solle das Gürteltier behalten?« Dan antwortet: »Johnny, das Wichtigste ist, dass du Owen zeigst, dass du ihn so gern hast, dass du ihm *alles* anvertraust – dass es dir egal ist, ob du es zurückbekommst oder nicht. Es muss etwas sein, von dem er *weiß*, dass du es zurückhaben willst. Deshalb muss es etwas Besonderes sein.« Und so bringen Dan und Owen die Kartons und das Gürteltier zurück vor das Haus der Meanys.

Es vergehen zwei Tage, und das Gürteltier kommt zurück: »Doch meine Empörung sollte noch kommen: Was dem Gürteltier fehlte, waren die vorderen Krallen, die nützlichsten und beeindruckendsten Teile seines Körpers. Owen hatte mir das Gürteltier zurückgegeben, doch die Krallen hatte er behalten.« Dan beruhigt John, indem er ihm die Verstümmelung des Gürteltiers zu deuten versucht (»Wirklich brillant – wirklich genial, murmelte Dan«). Doch was sie bedeutet, wird sich erst am Ende des Romans ganz erschließen.[46]

Dies ist nur eine sehr verkürzte Zusammenfassung dieses ergreifenden Kapitels aus John Irvings Roman; die Erzählung ist voll von weiteren Zusammenhängen und Andeutungen und auch ein Vorleuchten auf das, was in Zukunft noch passieren wird. Als ich die Passage vor mehr als 20 Jahren las, durchfuhr es mich wie ein Blitz: »Das ist es, was bei einem Sakrament geschieht.« Nach der klassischen Definition ist ein Sakrament ein »Zeichen, das bewirkt, was es bezeichnet«.[47] Das beginnt schon bei den Worten, die die Wirklichkeit, die sie bezeichnen, dadurch bewirken,

---

46 John Irving, Owen Meany, Zürich 1990, S. 120ff.
47 Signum significando efficiens.

dass sie sie bezeichnen. Das klingt kompliziert, ist aber ganz einfach zu verstehen, wenn man bedenkt, was geschieht, wenn zwei Menschen einander Liebe und Treue versprechen »bis der Tod uns scheidet«. In der Sprachphilosophie nennt man solche Worte »performative Zeichen«.[48]

Auch Handlungen können Zeichen sein, performative Zeichenhandlungen. Ihre größere Mehrdeutigkeit gegenüber den sprachlichen Zeichen ist kein Nachteil, sondern gerade ihr Vorteil. Was in performativen Zeichenhandlungen mitgeteilt wird, kann im Fall der Fälle nicht mit Worten ausgeschöpft werden und muss gerade deswegen über eine Handlung mitgeteilt werden. Es wird »alles« gesagt, was zwischen Menschen wichtig ist. In der Geschichte von John und Owen haben die Baseballkartensammlung sowie das Gürteltier bereits eine Bedeutung, bevor es nach dem tragischen Totschlag der Mutter Johns zu der performativen Zeichenhandlung kommt. Die Handlung ist also nur verständlich vor dem Hintergrund einer Geschichte, die zu erzählen ist, wenn man die Zeichenhandlung verstehen will. Zugleich begründet sie eine neue Geschichte, die mit der Zeichenhandlung erst beginnt.

Natürlich denke ich bei dieser Szene an das Abendmahl Jesu am Vorabend vor seinem Tod. »Das ist mein Leib, das ist mein Blut« ist im Zusammenhang mit der Darreichung von Brot und Wein eine performative Zeichenhandlung, in der alles zum Ausdruck kommt und vollzogen wird, was wirklich wichtig war, ist und sein wird in der Beziehungsgeschichte zwischen Jesus und denjenigen, denen er Brot und Wein reicht. »Das bin ich für euch

48 Vgl. John Austin, Zur Theorie der Sprechakte (How to do things with words), Stuttgart 1986.

und für alle.« Für die Ausdeutung enthält das Geschehen ein unausschöpfliches Geheimnis: gerade nicht ein Rätsel, das geknackt werden müsste, sondern eine Quelle ständig tieferer Erkenntnisse.

Ich verstehe unter »Sakrament« im kirchlichen Leben performative Zeichenhandlungen Jesu, die in seinem Namen und Auftrag heute weiter vollzogen werden, insbesondere in der Feier der Eucharistie, sofern diese ja nach katholischer Auffassung »Quelle und Höhepunkt«[49] des kirchlichen Lebens ist. Geschichten wie die von Owen Meany und andere Geschichten helfen mir, besser zu verstehen, was eigentlich geschah und geschieht, wenn die Kirche die Sakramente heute feiert: Sie kommuniziert mit Jesus, und Jesus kommuniziert mit ihr.

49 Zweites Vatikanisches Konzil, Lumen gentium, Nr. 11.

Der beschädigte Himmel

Warum SÜNDE mehr als Schuld ist

»Als sich Sünde in Schuld, das Vergehen gegen göttliche Gebote in den Verstoß gegen menschliche Gesetze verwandelte, ging etwas verloren«, sagte Jürgen Habermas in seiner Rede zur Verleihung des Friedenspreises des deutschen Buchhandels 2001 in der Frankfurter Paulskirche. Was ging da verloren?

Ganz ohne religiöse Musikalität ist der Unterschied zwischen Schuld und Sünde nicht zu fassen. Es gibt das Gespür dafür, dass bestimmte böse Taten oder Unterlassungen nicht nur die unmittelbaren Opfer betreffen, sondern dass sie eine darüber hinausgehende, tiefere zerstörerische Wirkung haben. Übertretungen der Nächstenliebe-Gebote vergreifen sich an der ganzen Menschheit, denn in dem einen betroffenen Opfer ist das Ganze, das »Tiefere«, die ganze Schöpfung einbezogen. Der Koran hat das sehr sensibel erspürt, wenn er das Tötungsverbot der Tora folgendermaßen zusammenfasst: »Wir haben den Kindern Israels vorgeschrieben: Wenn einer jemanden tötet, jedoch nicht wegen eines Mordes oder weil er auf Erden Unheil stiftet, so ist es, als hätte er die Menschen alle getötet« (Sure 5,32). Das ist dieselbe Erkenntnis, die dem biblischen Nächstenliebe-Gebot oder dem kategorischen Imperativ von Kant zugrunde liegt: Die Menschheit ist eine Einheit, die mehr ist als die Summe aller Individuen. Alle hängen mit allen zusammen.

Es kann sein, dass ich als Vater oder Mutter mein Kind belüge und deswegen sein Grundvertrauen in die Welt dauerhaft beschädige; dass ich durch Vertrauensbruch eine Freundschaft zerstöre; dass ich meine alt gewordenen Eltern im Stich lasse, weil sie mich anstrengen; dass ich mich im selbstgerechten Hassgefühl dazu ermächtige, das Maß zu verlieren; dass ich als Wissenschaftler eine Grenze überschreite und die Welt als Ganze dadurch irreversibel neuen Gefahren aussetze. Kein ethisch bedeutsames Vergehen lässt sich auf den Schaden reduzieren, der empirisch messbar ist. Alles hängt mit allem zusammen und wird deswegen mit hineingezogen.

Das spürt gerade der »Sünder« im Unterschied zu dem »Schuldigen«, der meint (oder von dem gemeint wird), er habe bloß gegen eine von Menschen gemachte Regel verstoßen. Als »Schuldiger« mag ich zwar das Gesetz für sinnvoll halten und zugeben, dass ich dagegen verstoßen habe, aber die Scham über mich selbst und meine Handlung erreicht mich nicht in der ganzen Tiefe. Als »Sünder« spüre ich, dass ich gegen eine unsichtbare ethische Ordnung verstoßen habe; dass ich ein zartes, verletzliches Gewebe beschädigt habe, auf dem aber die ganze Welt ruht. »Ich habe gegen den Himmel und gegen dich gesündigt« (Lk 15,21).

Sünden »gegen den Himmel« können nur vom Himmel vergeben werden. Jürgen Habermas ergänzt den eingangs zitierten Satz einige Zeilen später: »Die verlorene Hoffnung auf Resurrektion hinterlässt eine spürbare Leere.« Die Folgewirkungen der Sünde werden durch »Resurrektion«, das heißt durch Auferstehung von den Toten geheilt. Es reicht dem »Sünder« nicht, wenn er persönlich von Gott Verzeihung erfährt. Soweit er kann, wird er sich an einem Versöhnungsprozess beteiligen. Aber es bleiben dann immer noch die irreversiblen, nicht messbaren Folgen seiner bösen Handlungen. Ohne eine Macht, die die Opfer der ganzen Geschichte und die Schöpfung als Opfer wieder ins Recht setzt, bliebe die bittere Einsicht übrig, dass das göttliche Gesetz zwar von Gott kommen mag, dass Gott aber nicht kraftvoll genug ist, um seinem Gesetz in der Geschichte Geltung zu verschaffen. Dann stellt sich aber die Frage, wieso es überhaupt Geltung beanspruchen kann.

Es ist wie im pädagogischen Alltag: Das Gerechtigkeitsgefühl und die Begeisterung von Jugendlichen für das Gute wird nicht so sehr durch mangelnde, schlechte oder zu viel moralische Instruktion beschädigt, sondern vielmehr dadurch, dass die Autoritäten Gewalt dulden und sich nicht gegen Unrecht durchsetzen. Das bedeutet dann auch im Umkehrschluss: Mit der Dimension der »Sünde« verbindet sich nicht nur die Erfahrung der Zerknirschung und Verzweiflung über sich selbst vor Gott, sondern auch die Hoffnung, dass der Autor des göttlichen Gesetzes weiter auf der Geltung dieses Gesetzes besteht. Er bleibt Herr der Geschichte, auch wenn ich als Sünder darin nachhaltig schlechte Spuren hinterlassen habe. Deswegen kann ich mich auch als Sünder voll Vertrauen in die Arme Gottes begeben. Gott macht, dass alles gut wird.

Nützliche Sachen

Wie der Teufel verwirrt und wie man ihm begegnen kann

Einer der genialsten Romane über den Teufel, die ich gelesen habe, stammt von Stephen King: »In einer kleinen Stadt«.[50] Ein Mann eröffnet in einer Kleinstadt einen Laden. Im Schaufenster liegen zufällig immer gerade jene Gegenstände aus, die bestimmte Stadtbewohner ganz besonders suchen oder von denen sie sich anziehen lassen, zum Beispiel die letzte fehlende Karte in einer Baseballkartensammlung, ein besonders seltenes, attraktives Parfüm oder Ähnliches. Man kann die Gegenstände in dem Laden kaufen. Sie sind extrem billig zu haben, allerdings unter einer Bedingung: Die Käufer müssen dem Ladenbesitzer einen kleinen Gefallen tun, zum Beispiel am Rande der Stadt im Garten einer Familie die dort aufgehängte blütenweiße Wäsche heimlich mit dem Gänsekot aus dem nachbarlichen Bauernhof beschmieren. Man kann sich leicht vorstellen, was die Familie nach dieser Aktion über den benachbarten Bauern denkt, der mit dem Beschmieren der weißen Wäsche nichts zu tun hat. Andere Kunden erhalten andere vergleichbare Aufträge. Der Ladenbesitzer, der eigentlich der Teufel ist, zündelt auf diese Weise an mehreren Stellen in der »kleinen Stadt«, bis sie in allgemeinem Mord und Totschlag zu versinken droht.

50 München 1991 – Originaltitel: Needful Things.

Das griechische Wort für den Teufel heißt »diábolos« und bedeutet wörtlich übersetzt: der Durcheinanderwerfer, der Unordnungschaffer, der Verwirrer. Die Verwirrung beginnt schon damit, dass der Teufel sich nicht als Teufel ausgibt. Er tritt mit einem freundlichen Gesicht auf, mit einem Angebot, mit einer Verheißung, mit einem gut klingenden Versprechen, mit einem scheinbar plausiblen Lösungsvorschlag für ein Problem. Er kleidet sich als »Lichtengel«, wie Paulus sagt (2 Kor 11,14), als Gottgesandter, als Stimme Gottes. Er sagt niemals: »Hallo, ich bin der Teufel, ich will dir Schaden zufügen«, sondern: »Hallo, ich bin ein Bote Gottes, ich meine es gut mit dir.« Er argumentiert gern und geschickt mit Bibelzitaten. Er ist irgendwie intelligent, »klug« (Gen 3,1), besser: schlau, obwohl er eigentlich ein ganz langweiliger Typ mit nur einem Ziel ist, nämlich dem, zu herrschen und die Seele niederzudrücken. Er freut sich, wenn er oben steht und nach unten treten kann. Wenn er so weit ist, zeigt er dann gelegentlich auch sein wahres, hässliches Gesicht – seine sadistische Lust am Quälen, seinen Hohn über die Opfer, sein ekelhaftes Gefallen an sich selbst.

Die Verwirrung pflanzt sich von ihrem Urheber her fort. Verwirrte Menschen verwirren. Daraus folgt auch: Nicht jeder Mensch, der verwirrt, ist böse und in diesem Sinne ein Teufel. Es gibt menschliche Schreckensfiguren des Bösen: Hitler, Stalin, Mao und Konsorten. Der Blick auf sie lenkt aber eher von dem Phänomen ab, um das es hier geht. Die verwirrenden Menschen, an die ich denke, begegnen mir in meinem Alltag, sind meist nette Leute, die es gut meinen, aber eben selbst verwirrt sind, getrieben, nicht wirklich bei sich.

Es gibt eine Szene im Evangelium, in der sich das deutlich zeigt: Als Jesus in einer kleinen Stadt namens Caesarea Philippi jenseits der Grenze Judäas die Jünger in seine Entscheidung einweiht, nun den mühsamen Weg nach Jerusalem zu gehen, erfasst Petrus eine Mischung aus Panik und fürsorglichem Schutzinstinkt. »Das darf nicht geschehen!« (Mk 8,23). Petrus warnt also Jesus sinngemäß mit dem gut gemeinten Rat: »Geh nicht nach Jerusalem, denn das könnte schlecht ausgehen.« Jesus weist ihn mit einem unglaublich harten Wort zurecht: »Zurück hinter mich, Satan!« Übersetzt heißt das in etwa: »Die Richtung gebe Ich an, nicht du!«

Warum diese Heftigkeit? Es war doch gut gemeint. Ja, aber manchmal muss man Menschen hart zurückweisen, die es gut meinen, aber dabei viel Verwirrung stiften, mehr als sie ahnen und begreifen. Mit ungebetenen Ratschlägen und gutgemeinten Interventionen kann man heilloses Durcheinander anrichten. Manchmal hilft da auch Diskutieren nicht weiter, sondern einfach nur ein klares Wort. Sonst wird man, wenn man sich nicht klar abgrenzt, selbst von der Verwirrung angesteckt. Die Verwirrung erstreckt sich schließlich wie »in einer kleinen Stadt« auf alle. Sie steckt alle an.

Die Heftigkeit des Abgrenzungswortes in Caesarea Philippi weist auch darauf hin, dass es um etwas sehr Ernstes geht. Eine der gängigen Verharmlosungsstrategien gegenüber den verwirrten Verwirrern lautet: »Aber er/sie meint es doch gut!« Genau deswegen muss das Problem klar benannt – und das heißt: an der Wurzel angepackt – werden. Petrus ist ein netter Kerl und meint es gut. Doch Satan ist weder nett noch meint er es gut. Er will die ganze Geschichte steuern und sucht sich den kleinen Riss in der

Mauer, den er braucht, um in das Ganze einzudringen und der entscheidende Player zu werden. Das muss Petrus begreifen, und mit ihm die Jüngerschar. Es geht um Freiheit, oder besser: um den drohenden Verlust der Freiheit. Wer steuert hier wen? »Die Richtung gebe Ich an, nicht du!«

Das großgeschriebene Ich, das sich nicht fremdsteuern lässt, wirkt nach außen hin sehr selbstbewusst. Aber nach meiner Erfahrung spricht es sich nicht im Gefühl der eigenen Stärke aus. Im Gegenteil. Meist äußert es sich im Gefühl der Schwäche, mit letzter Kraft. So stelle ich es mir auch bei Jesus in Caesarea Philippi vor. Die Anfrage des Petrus spricht ja etwas an, was auch in Jesus selbst ist: die Angst vor dem schweren Weg nach Jerusalem, die Sehnsucht nach einem Leben in Ruhe und Sicherheit. Vielleicht schwingt auch dies in der Heftigkeit der Zurückweisung mit: Es geht um eine große innere Kraftanstrengung, in der sich die Richtung und der Sinn des Lebensweges entscheidet; es geht um die Überwindung eines »toten Punktes«; um den entscheidenden Impuls zum Spurt vor dem Sieg.

Spätestens hier kommt die Frömmigkeit ins Spiel. Das Nein-Sagen zum Verwirrer ist die Kehrseite zu einem totalen Vertrauensakt. Gott will nicht, was der Verwirrer will. Er will das genaue Gegenteil davon. Er will für mich alles zum Guten fügen. In dunklen Stunden, wenn ich versucht bin, aus meiner Geschichte auszusteigen und mich einem anderen zu unterwerfen, der alles für mich richtet, darf ich Gott einfach vertrauen. Es reicht, wenn ich Nein sage. Über den Rest verfüge ich nicht und brauche ich auch nicht zu verfügen. Jedenfalls nicht jetzt. Nach dem Tunnel wird wieder ein Licht kommen. Ich verwechsle es nicht mit der Funzel, die einer mir da schon vorzeitig reichen will. So wird der Teufel besiegt. Stephen King entfaltet am Ende seines Romans sehr anschaulich, wie das gelingen kann. Ich will der Lektüre nicht vorgreifen, die ich hiermit empfehle.

Ahnungsvolle Flachländer

Wie Trinität Gott nicht erklärt

Hier ist mein Lieblingstext zum Thema Trinität. Er stammt von C. S. Lewis:

> »Wir wissen, dass man sich im Raum in drei Richtungen bewegen kann: nach links oder rechts, rückwärts oder vorwärts, nach oben oder unten. Jede Bewegung besteht entweder aus einer dieser Möglichkeiten oder aus einer Kombination von ihnen. Man nennt sie die drei Dimensionen. Nun müssen wir aber folgendes beachten. Mit Hilfe einer einzigen Dimension können wir nur gerade Linien ziehen, mit zwei Dimensionen schon eine geometrische Form, sagen wir ein Viereck. Und ein Viereck besteht aus vier geraden Linien. Aber gehen wir noch einen Schritt weiter. Mit Hilfe der dritten Dimension können wir einen festen Körper bilden, etwa einen Würfel. Und ein Würfel besteht aus sechs Vierecken.
>
> Sieht man, worauf ich hinauswill? Eine eindimensionale Welt wäre gleich einer Geraden. In einer zweidimensionalen Welt haben wir immer noch gerade Linien, aber viele Linien ergeben eine geometrische Form. In einer dreidimensionalen Welt haben wir immer noch diese Formen, aber viele Formen ergeben einen festen Körper. Anders ausgedrückt: Wenn wir zu realeren und komplizierten Ebenen fortschreiten, dann lassen wir die Erscheinungen, die wir auf der ein-

> facheren Ebene fanden, keineswegs hinter uns. Wir haben dieselben Formen – aber sie verbinden sich auf eine neue Weise, die man sich auf der niedrigen Ebene gar nicht vorstellen konnte.
> Die christliche Darstellung von Gott entwickelt nun das gleiche Prinzip. Die menschliche Ebene ist einfach und verhältnismäßig leer. Auf der menschlichen Ebene ist eine Person ein Wesen, und zwei Personen sind zwei getrennte Wesen, so wie in zwei Dimensionen (sagen wir auf einem Blatt Papier) ein Viereck eine geometrische Figur ist, und zwei Vierecke sind zwei getrennte geometrische Figuren. Auf der göttlichen Ebene finden wir immer noch Persönlichkeiten. Aber sie haben bei Gott eine Gestalt gefunden, die wir uns von unserer Ebene aus nicht einmal vorstellen können. In Gottes Dimension finden wir ein Wesen, das aus drei Personen besteht, während es doch ein Wesen bleibt, so wie ein Würfel aus sechs Vierecken besteht und doch ein Würfel bleibt.«[51]

Die Trinitätslehre verstehe ich als den Versuch, aus der zweiten Dimension heraus eine Aussage über die Wirklichkeit in der dritten Dimension zu machen, also: als zweidimensionaler »Flachländer«[52] über ein aufrecht gehendes dreidimensionales Wesen zu sprechen; eine Vorstellung vom Unvorstellbaren zu entwickeln. Doch warum sollten wir uns das Unvorstellbare überhaupt vor-

51 C. S. Lewis, Pardon, ich bin Christ © Brunnen Verlag, Basel 1977, S. 145f.

52 Vgl. C. S. Lewis, Wunder, Basel 1991, S. 102.

stellen wollen? Ich meine: weil die Vorstellung des Unvorstellbaren von engen Vorstellungen befreit, zum Beispiel von der weit verbreiteten Vorstellung, Gott sei so Person, wie ein Mensch Person ist. Das ist er nicht. Gott ist nicht wie ein – und erscheint auch nicht als – zweidimensionales Wesen in der zweiten Dimension.[53]

Das Bemühen um eine angemessene Vorstellung des Unvorstellbaren lohnt sich aber auch deswegen, weil die Welt unserer Vorstellungen eben doch diejenige Welt ist, in der Gott sich auch zeigt. Gott sitzt nicht in einer Hinterwelt hinter allen unseren Vorstellungen. Er ist »in« der Welt, und zwar so wie ein Künstler »in« seinem Werk ist. Warum sollte dann aber ausgerechnet die Dimension des Personalen aus der Vorstellung der menschlichen Flachländer ausgeklammert werden? Schließlich sind auch die nichtpersonalen Vorstellungen vom Göttlichen meist menschliche Vorstellungen: Energie, All-Eines, Liebe als nichtpersonal-göttliches Prinzip. Meistens befinden sich die nichtpersonalen Vorstellungen des Göttlichen eher in der ersten Dimension: Gott wird auf eine Weise als »unvorstellbar« vorgestellt, wie man sich als Flachländer die Strichländer vorstellt – er wird nicht überpersonal, sondern unterpersonal vorgestellt.

Das mag alles etwas abstrakt klingen. Die Rede von der Trinität rückt näher in die menschliche Erfahrungswelt vor, wenn wir die Evangelien aufschlagen. Im Johannesevangelium sagt Je-

53 Zum Thema »Menschwerdung Gottes« (Inkarnation) wäre hier noch Ergänzendes hinzuzufügen. Doch es muss zunächst einmal klar sein, dass es bei der Menschwerdung Gottes wirklich um die Menschwerdung *Gottes* geht, also eigentlich um eine Unmöglichkeit, von »unten« her, aus der Flachländerperspektive gesehen.

sus: »Ich und der Vater sind eins« (Joh 10,30). Das ist christlicher Monotheismus. Die Personen sind vereint zu einer Einheit. Die größtmögliche Einheitserfahrung, die Menschen möglich ist, ist die Erfahrung der Liebe. Je tiefer Menschen von der Liebe ergriffen sind, umso mehr sind sie vereint, auch über größte Distanzen hinweg. Die Liebe auf der Ebene des Göttlichen vereint vollkommen, mehr als menschenmöglich. »Ich und der Vater sind eins«, und zwar vollkommen eins, »ich in dir und du in mir« (Joh 17,21), ohne dabei ein »Ich« ohne »Du« zu werden.[54] Aus der Erfahrung der Liebe heraus sind die Menschen befähigt zu ahnen, was es bedeutet, wenn geschrieben steht: »Gott ist die Liebe« (1 Joh 4,16). Liebe ermöglicht Flachländern die Vorstellung des Unvorstellbaren. Mit der Liebe wachsen sie in die dritte Dimension hinein.

54 Das denkende »Ich« von Descartes (»Ich denke, also bin ich«) ist gar kein Ich. Es kennt kein Du, das zu dem Ich Du sagt. Wie soll es dann Ich sagen können? Man kann die Welt vom »Ich« allein her nicht aufbauen.

Zum Schluss eine kleine Abhandlung über den Zorn

Ich kenne beides: meinen eigenen Zorn auf andere Menschen und den Zorn anderer Menschen auf mich. Ein Gott, der erhaben über den zwischen mir und anderen hin- und herwogenden Zorneswellen thront; der den Zorn aus einer unbeteiligten Position heraus moralisiert; ein a-pathischer Gott ohne inneres Verständnis für Zorn, für die Wucht des Zornes, für seine Größe und auch für seine Würde – ein solcher Gott scheint mir nur eine Projektion aus der Perspektive der Not zu sein, die Zorn für die Person, die solchen erleidet, meist auch noch bedeutet. Ich schließe mich deswegen dem Projekt des Abschieds vom Zorn Gottes nicht an. Vielmehr setze ich darauf, dass sich Zorn verwandeln lässt in etwas noch Größeres, nämlich Liebe, und dass genau diese Verwandlungskraft göttlich ist.

1

»Er sah sie an, voll Zorn und Trauer über ihr verstocktes Herz.« Das Nebeneinander von Zorn und Trauer lässt mich aufhorchen. Die Begriffe stehen nicht nur nebeneinander, sondern erhellen sich gegenseitig. Zunächst zur Szene (Mk 3,1–6): Ein Mann mit einer verdorrten Hand sitzt schon seit vielen Jahren am Eingang der Synagoge in Kafarnaum. Da Sabbat ist, sind Fromme in der Synagoge zusammengekommen. Einige von ihnen haben allerdings weniger das Gebet und die Toralesung im Sinn als vielmehr die Frage, ob »er«, also Jesus, den Mann mit der verdorrten Hand trotz des Arbeitsverbotes am Sabbat heilen wird.

Hier wird der erste Anlass zum Zorn deutlich: Die Aufmerksamkeit der »Schriftgelehrten und Pharisäer« ist strategisch auf die mögliche Regelübertretung Jesu statt auf das Leiden des Mannes mit der verdorrten Hand gerichtet. Dieser Empathie-Mangel der Aufpasser macht zornig. Überzogene Sündensensibilität bei gleichzeitig unterentwickelter Leidsensibilität sind zwei Seiten einer Medaille. Jesus wird diese Verkehrung der Prioritäten gleich mit der Frage konfrontieren: »Was ist besser am Sabbat, ein Leben zu retten oder zu vernichten?« Was ist schlimmer – aus Sensibilität für das Leiden eines Menschen eine (in sich vielleicht durchaus sinnvolle) Regel zu übertreten, oder sich aus Angst vor der Regelübertretung der Empathie zu verschließen? Ich höre aus der Frage Jesu Zorn heraus. Er hängt mit der Empathie für das Leid des Mannes am Eingang der Synagoge zusammen. Ich habe kein Problem damit, mir diesen Zorn auch im Einklang mit dem Zorn Gottes vorzustellen, sofern dieser ebenfalls aus der Empathie kommt: »Ich habe den Schrei meines Volkes gehört … und bin herabgestiegen« (Ex 3,7f). Empathie ist die Quelle eines Zorns, wie ich ihn schätze. Ich habe ein Problem mit Menschen, die das Leiden anderer kalt lässt. Ich hätte dasselbe Problem auch mit Gott.

Es folgt die Aufforderung Jesu an den Mann mit der verdorrten Hand: »Auf, stell dich in die Mitte.« Damit wird der Blick aller Anwesenden auf den leidenden Menschen gerichtet. Es folgt die Frage Jesu nach der richtigen Priorität zwischen Empathie und Regelkonformität. Sie verhallt unbeantwortet: »Sie aber schwiegen.« Und dann: »Er sah sie der Reihe nach an, voll Zorn und

Trauer über ihr verstocktes Herz.« Die Trauer gesellt sich zum Zorn. Warum? Ich meine: wegen des Schweigens. Jesus gerät an eine Grenze, die er nicht überwinden kann. Das Schweigen richtet sich gegen ihn und ist steinern. Es macht ohnmächtig. Es geht in diesem stummen Kampf der Blicke nicht um Lappalien. Das zeigt der letzte Satz der Perikope: »Sie fassten den Beschluss, ihn umzubringen.«

Der Zorn hat also – idealtypisch gesprochen – neben der Empathie mit Leiden (= Empathie-Zorn) eine zweite Quelle: Zorn aus einer Ohnmachtserfahrung heraus (= Ohnmachts-Zorn). Ohnmachts-Zorn kann sich zu Hass steigern, wenn die Ohnmachtssituation nicht konstruktiv bewältigt wird. Hass ist altgewordener Ohnmachts-Zorn (Cicero: »ira inveterata«), ein Dauerzustand in der menschlichen Seele, mal unter der Asche glimmend, mal plötzlich und unberechenbar auflodernd, im allerschlimmsten Fall kalt und heiß zugleich, planend, racheschmiedend, ideologisch überhöht. Theologisch projiziert verengt Hass den Blick auf einen »Gott« hin, dem angeblich nichts wichtiger ist, als den Sünder oder die Sünderin zu bestrafen, um vom eigenen Ohnmachts-Zorn herunterzukommen. Ohnmachts-Zorn überlagert Empathie-Zorn: Die Fähigkeit zur Empathie geht verloren. Die andere Person, die andere Gruppe, die andere Nation, die andere Konfession verliert ihren Anspruch auf Empathie. So kann man dann im Namen angeblicher Gerechtigkeit, im Namen der eigenen Nation oder Konfession schrecklichste Gräueltaten vollbringen, dabei vollkommen kalt bleiben und »Gott« in seinem Rücken wähnen.

Wer unter der Wucht von Ohnmachts-Zorn leidet, steht in der Versuchung zur Verhärtung und zur Gewalt. Hierhin gehört die Warnung des Psalms: »Ereifert ihr euch, so sündigt nicht« (Ps 4,5). Doch die Warnung allein hilft der zornig-traurigen Person nicht. Wer unter Ohnmachts-Zorn leidet, bedarf auch der Empathie. Einfühlung, Begleitung und guter Rat sind nötig, um konstruktive Wege aus den Ohnmachtsgefühlen und auch aus der Ohnmachtssituation zu finden. Auch ein allgemeines Gewaltverbot allein reicht nicht, zumal wenn es aus den unbeteiligten Höhen des Besserwissens kommt. Das Evangelium kennt Szenen, in denen mit der Nähe zur Ohnmachtssituation die Versuchung zur Gewalt nicht nur ganz nahe herankommt, sondern auch ganz nahe herangelassen wird (vgl. Lk 22,36). Irgendwoher mussten seine Begleiter ja Schwerter gehabt haben, als einer von ihnen am Ölberg dem Diener des Hohenpriesters ein Ohr abschlug (vgl. Lk 22,50).

2

In der Synagoge von Kafarnaum wird steinernes Schweigen hörbar. »Sie aber schwiegen.« Hinter der Schweigemauer bereiten sich Mordpläne vor. Wie kommt es zu diesem Zorn hinter der Mauer, zu dem gesenkten Blick, der die nackte Wut verbirgt? Empathie-Zorn spielt dabei keine Rolle, zumal die »Schriftgelehrten und Pharisäer« ohnehin keine Empathie mit dem Leiden des Mannes am Eingang der Synagoge zeigen. Ohnmachts-Zorn ist eher das Problem Jesu, der mit dem Kopf vor die steinerne Wand des Schweigens stößt. Ich denke, die stumme Wut kommt aus dem eigenen Kränkungsschmerz. Der Schmerz der Aufpasser besteht darin, dass Jesus ihre Position als Aufpasser nicht respektiert, ihre Prioritätensetzung zugunsten der Regelfrömmigkeit konfrontiert und damit auch einen eigenen Machtanspruch stellt, der sie zu entthronen droht. Das tut weh, denn es stellt das Selbstverständnis der so »Bedrohten« in Frage.

Der Zorn auf Jesus gründet also in narzisstischen Interessen, an denen gerüttelt wird. Ich nenne ihn deswegen Ego-Zorn. In ihm vollzieht sich die Verwechslung eigenen Kränkungsschmerzes mit dem Leid von Gewaltopfern. Jesus übt zwar keineswegs Gewalt gegen die Aufpasser aus, wenn er sie in der Synagoge mit ihrer Denkungsart konfrontiert. Doch sie erleben die Herausforderung als Gewalt, weil sie ihnen weh tut – und sehen sich deswegen als Opfer. Aber nicht alles, was weh tut, ist schon Gewalt. Das gilt auch für die Rede von Gott: Wer vom Himmel nur Bestätigung und Verstärkung im Echoraum der eigenen Meinung und Selbsteinschätzung erwartet, wird enttäuscht.

Ego-Zorn ist besonders trennscharf von Empathie-Zorn zu unterscheiden, weil Ego-Zorn anscheinend Empathie-Zorn ähnelt. Aus der narzisstischen Perspektive geht es bei Ego-Zorn zwar auch irgendwie um Empathie, allerdings primär um Empathie mit dem eigenen Schmerz, mit der eigenen Person – um Selbstmitleid. Der eigene Schmerz hat im Fall der Fälle Priorität vor allen anderen Schmerzen, und zwar deswegen, weil die eigene Person sich selbst gegenüber anderen Personen als vorrangig definiert.

Machtpositionen können leicht zentraler Inhalt des eigenen Selbstverständnisses werden. Die gehobene Position wird mit einem Bedeutungsgefälle zwischen der eigenen Person und anderen, untergeordneten Personen verwechselt; die Verwechslung schleicht sich in das eigene Selbstverständnis ein und führt zur »Selbsterhöhung« (vgl. Lk 18,14). In dieser Konstellation kann dann schon das Ausbleiben einer Huldigung, die Unterlassung eines Bücklings Ego-Zorn hervorrufen. Narzissten sind äußerst schmerzempfindlich.

Religiös wiederholt sich dieses Verhältnis, wenn Gott vorgestellt wird als Instanz, die Unterwerfung verlangt und im Vollgefühl von Ego-Zorn zuschlägt, wenn die Unterwerfung ausbleibt. Hierin erkenne ich die Form des Ego-Zorns bei den Schriftgelehrten wieder. Ihr »Gott« ist empathiefrei und verlangt Unterwerfung. Als religiöse Aufpasser verlangen sie solche Unterwerfung auch von Jesus. Einsicht, Gespräch und überhaupt alles, was ein würdiges, liebevolles und einfühlsames Verhältnis zwischen Schöpfer und Geschöpf ausmacht, hat in dieser Konstellation keinen Raum. »Gott« ist die Verkörperung einer blinden Zornesmacht. Das Wichtigste, worauf das Geschöpf zu achten hat, ist, den Gotteszorn nicht durch Unterlassungen und Unvorsichtigkeiten aller Art zu provozieren. Das ist das Wesen der Angstreligion.

3

Ich kann nachvollziehen, wenn Menschen, die an den sektiererischen Auswüchsen von Ego-Zorn gelitten oder in den geistlichen Fallen von Ohnmachts-Zorn mitgefangen wurden, die Rede vom »Zorn Gottes« verabschieden – und dies umso mehr, da Leiden und Scheitern am »Zorn Gottes« ganze religiöse Systeme und Kulturen geprägt und die gesamte Gottesrede vergiftet haben. Ich glaube aber, dass das Problem mit dem »Zorn Gottes« damit nicht gelöst ist, und zwar deswegen, weil es den Empathie-Zorn gibt, ohne den ich mir auch Liebe nicht vorstellen möchte. Mein Weg aus dieser Schwierigkeit verläuft nicht über theologische Spekulationen, sondern über die »Unterscheidung der Geister«, also über die Schulung einer Herzensklugheit, die Zornesgefühle zulässt und sich um Kriterien ihrer Deutung bemüht.

Eine Systematisierung der Unterscheidung von Zorn im Sinne der ignatianischen Regeln könnte folgendermaßen aussehen: Zornesgefühle sind »innere Bewegungen« *(motus)*. Diese »Bewegungen« oder auch »Geister« *(spiritus)* kommen entweder von Gott oder vom »bösen Feind der menschlichen Seele«. Um den Ursprung der Bewegung zu erkennen, empfiehlt es sich, »Anfang, Mitte und Ende« einer Bewegung zu betrachten: »Wenn der Anfang, die Mitte und das Ende gut sind, dann ist dies ein Zeichen des guten Engels«.[55] Es kommt auf die Richtung der inneren Bewegung an, um zu sehen, wes Geistes Kind sie ist.

Empathie-Zorn zielt darauf, Leiden anderer besser zu begreifen und auch darauf, zum Engagement für sie zu motivieren. Deswegen darf Empathie-Zorn grundsätzlich positiv bewertet werden. Ohnmachts-Zorn hingegen ist ambivalent. Hier ist gesteigerte Aufmerksamkeit gefragt, denn zur Empathie kommt die Erfahrung der Ohnmacht hinzu. Die Trauer gibt dem Ohnmachts-Zorn eine gute Richtung, sofern und weil sie der zornigen Person das Thema stellt, um das es beim Ohnmachtsgefühl geht: die Erfahrung der eigenen Grenzen und eine konstruktive Auseinandersetzung mit ihnen. Ohnmachts-Zorn ist die Gelegenheit, eine Grenze zu erkennen und zu akzeptieren, durchaus im Sinne des Reinhold Niebuhr zugeschriebenen Gebetes: »Gott, gib mir die Gelassenheit, Dinge hinzunehmen, die ich nicht ändern kann; den Mut, Dinge zu ändern, die ich ändern kann; und die Weisheit, das eine vom anderen zu unterscheiden.«

55 Ignatius von Loyola, Geistliche Übungen, Nr. 333.

Wenn ich die Grenzen meiner eigenen Gestaltungsmacht akzeptiere, kann ich mögliche Allmachtsphantasien überwinden. In der Ohnmachtserfahrung kann ich mich so für den Trost öffnen, den das Evangelium den Trauernden verheißt (Mt 5,4). Inneren Trost kann ich durchaus *dann auch* durch äußere Ereignisse erfahren, wenn die Grenzen von einer ganz anderen, überraschenden Seite her überwunden werden. Gott ist ein Gott der Überraschungen. Da ist Geduld gefragt, mit Hoffnung kombiniert, und zwar deswegen, weil zum Überraschungscharakter des göttlichen Handelns gehört, dass es sich der Manipulation und der Prognose entzieht.

Wenn der Ohnmachts-Zorn hingegen zur Verzweiflung über die eigene Ohnmacht oder über das Schweigen Gottes führt, dann verhärtet er sich ideologisch und landet in der Gewalt. Gewalt ist ja die Außenseite der Verzweiflung über die eigene Ohnmacht und letztlich auch Verzweiflung hinsichtlich der Handlungsmöglichkeiten eines geschichtlich agierenden Gottes. Das ist *dann auch* die Stelle, an der sich die Extreme von Ohnmachts-Zorn und Ego-Zorn treffen. Der Ohnmachts-Zorn beginnt zwar mit dem Zorn über die Leiden anderer und die Übermacht der ungerechten Verhältnisse, die das Leiden hervorbringen, aber er endet dann doch in einem narzisstischen Leiden an der eigenen Ohnmacht.

In den Unterscheidungsregeln macht Ignatius zu Beginn eine scharfe Trennung zwischen denjenigen Personen, die »vom Guten zum Besseren« unterwegs sind (GÜ 315), und denen, die von Schlechten zum Schlechteren schreiten, biblisch gesprochen: den Verblendeten. Zu den Letzteren spricht der Geist Gottes, indem er ihnen »durch die Stimme der Vernunft mit Gewissensbissen hart zusetzt« (GÜ 314); man darf ergänzen: durch Erfahrungen absoluter Grenzen, durch Scheitern von Lebensplänen, so wie es Ignatius ja selbst in seiner Konversion erlebte. Umgekehrt zeigt sich der »böse Feind der menschlichen Seele« bei den Personen, die auf dem Weg vom Schlechten zum Schlechteren sind, dadurch, dass er ihren Weg bestätigt (vgl. GÜ 314). Der Ego-Zorn ist ein Bestätigungsgefühl für den Ego-Zornigen. Er führt die Aufpasser in der Synagoge von Kafarnaum zum Tötungsbeschluss – und kann deswegen kein Gefühl sein, das vom »guten Engel« kommt. Die Verblendung kann nur im Sinne der Unterscheidungsregel (GÜ 314) durch schmerzliche Interventionen von außen aufgelöst werden.

4

Das positive Modell für den Empathie-Zorn ist neutestamentlich: Jesus. An ihm kann nachvollzogen werden kann, wie Empathie-Zorn zu größerer Liebe führt. Auch für die ambivalente Situation des Ohnmachts-Zorns steht Jesus als positives Modell, wenn es darum geht, sich durch ihn nicht verführen und verblenden zu lassen. Ob in der Synagoge zu Kafarnaum, bei den weiteren Auseinandersetzungen mit den religiösen Autoritäten seiner Zeit oder schließlich in der Ohnmachtssituation am Kreuz – Jesus bleibt der Empathie-Liebe treu und erfährt so in der Annahme des Willens Gottes einen Trost, den er weitergibt. Die Auseinandersetzungen mit den Jüngern kreisen hingegen vor allem um die Ambivalenzen des Ohnmachts-Zorns, welche die Jünger überfordern; sie bedürfen deswegen des Vorbilds Jesu und seiner Unterweisung – und gelegentlich auch seiner Zurückweisung.

Am Beispiel von Paulus wird besonders deutlich, wie eine Verblendung aussieht, die nur durch Intervention »von außen« aufgelöst werden kann – in diesem Fall die Verblendung eines Fanatikers, der meint, einen heiligen Dienst zu leisten, wenn er Apostaten (die Jünger Jesu) verfolgt und tötet. Die äußere Gestalt des Ego-Zorns lässt sich an der exzessiven Kränkungsanfälligkeit der Vornehmen und Mächtigen erkennen, wie sie das Evangelium berichtet. Auch hier bedarf es der Intervention von außen – denn auch hier muss eine Machtfrage geklärt werden. Die harten Töne, die Jesus gegen diese Personengruppen anschlägt, entsprechen dem Ruf Gottes an diejenigen Personen, die auf dem Weg vom »Schlechten zum Schlechteren« sind. Deswegen sind Jesu harte Worte letztlich Ausdruck der Empathie Gottes. Gott »verdammt« die in narzisstischer Verblendung lebenden Personen nicht, sondern tut alles, was er kann, um sie aus ihrer Verblendung zu befreien.

Mit Blick auf Gott bleibt schließlich die Frage nach der Herkunft des Bösen offen, also nach den tieferen Hintergründen hinter dem Ego-Zorn, dem Jesus seinerseits »voll Zorn und Trauer« in der Synagoge von Kafarnaum begegnet. Vielleicht ist das ja eine Ur-Falle der Theologie: Diese Frage definitiv beantworten zu wollen und dabei selbst aus den eigenen Zorneserfahrungen auszusteigen, um sie von außen »objektiv« zu betrachten und zu lösen. Spätestens beim Empathie-Zorn widerstrebt es mir aber definitiv, in die Position des unbeteiligten Beobachters zu verschwinden – und das wünsche ich mir dann auch nicht von Gott.

Foto: © pro · Norbert Schäfer

Klaus Mertes, geboren 1954, trat 1977 in den Jesuitenorden ein. Nach Beendigung seiner ordensinternen Ausbildung leistete er seinen Dienst als Lehrer für Religion und Latein zunächst an der Sankt-Ansgar-Schule in Hamburg, dann am Canisius-Kolleg in Berlin, dessen Rektor er von 2000 bis 2011 war. Dort kam durch ihn 2010 der Missbrauchs- und Vertuschungsskandal ans Licht, der weite Kreise zog und inzwischen das Problembewusstsein in der Kirche und auch in der Gesellschaft weltweit verändert hat. Seit 2011 ist Klaus Mertes Direktor am internationalen Jesuitenkolleg in St. Blasien im Schwarzwald.